捧着一颗心习

深圳市南山区机关幼儿园园史：1985-2(

刘红丽◎主编

北京日报出版社

编 委 会

名家荐语

机关幼儿园作为深圳市南山区学前教育的拓荒者，以敢为天下先的特区创新精神为底色，与城市发展同频共振，从起步时的简陋民居到如今闻名中外的现代化教育空间，从传统保育形式到获得国家基础教育教学成果奖的完整课程体系，始终坚守"点亮好奇心，培养灵动探索家"的初心，开创了游戏化教学、"园—家—社"协同育人等本土化教育实践范例，为深圳这座城市增添了光彩。愿机关幼儿园赓续使命，守护尊重生命、唤醒潜能的教育真谛，不断开创新的未来！

——深圳大学教育学部主任、博士生导师　靳玉乐

四十年春风化雨，这里始终是童心栖息的港湾。一代代幼教人以温柔守望，让美的启蒙化作滋养心灵的甘露。

——著名散文家、儿童诗人　耿立

南山区幼儿园四十年大庆，这是一个历史的时刻。孩子们在这里收获独特的情感经验，感受到来自老师的温暖和爱护，锤炼了善良、诚实、勤劳、勇敢

这些一生最重要的品格。在这个背景下，这段经历也会成为他们童年记忆中的珍贵财富。

——著名作家　高维生

小城堡通往大城堡，阳光塑造我们一张张快乐的笑脸。小朋友连着大梦想，老师珍藏我们一幅幅成长的画卷。

——著名诗人、词作家　田地

四十年的历程，辛勤耕耘了童话般的自然王国，孩子们在这里感受阳光、绿色植物、小动物的缤纷世界的喜悦。这里成为滋养热爱自然、热爱动物的心灵摇篮，培育着一颗颗充满活力的希望种子。

——著名动物学家　朴正吉

透过字里行间，你将触摸到一所优质园的教育理想，智慧与探索，感受到他们对用匠心守护童心，用爱心铺就童年幸福的永恒追求。它是四十年育人成果的立体档案，是践行幼有优育的精神图谱。致敬四十年专业坚守的机幼人！愿这部有温度、有深度的时光礼物，引领每个人共赴下一个星辰大海。

——深圳教育学会副会长、正高级教师　满晶

幼儿教育不是工作，它是一项伟大的事业，是孩子们人生的基础，关乎孩子们进入青少年时期的健康发展。作为幼教老师，要使孩子们在快乐中成长，有责任感，孩子们将来才会付出爱的行动。南山区机关幼儿园四十年大庆，不仅是园龄的增长，更是一段光辉的历程。

——深圳大学教育学部助理教授　高淳海

前　言

引言：历史的回响与今日的庆典

1980 年 8 月 26 日，候鸟掠天而来，沾染满身旷野的清香，衔来一枚充满希望的种子，沐浴着改革的阳光，播撒出特区盎然的绿意。

习近平总书记在深圳经济特区建立 40 周年庆祝大会上指出，深圳是改革开放后党和人民一手缔造的崭新城市，是中国特色社会主义在一张白纸上的精彩演绎。深圳广大干部群众披荆斩棘、埋头苦干，用 40 年时间走过了国外一些国际化大都市上百年走完的历程。这是中国人民创造的世界发展史上的一个奇迹。

在这个大背景下，南山区学前教育亦是这奋进长卷中瑰丽的一笔。

1985 年 7 月，中共深圳市南头区委组织部批文，同意设立"深圳市南头区机关幼儿园"。自此，南山有了第一所公办幼儿园，标志着南山学前教育的起步与探索。随着 1990 年 1 月南山建区，幼儿园更名为"深圳市南山区机关幼儿园"（以下称"机关幼儿园"）。

人生漫漫百年路，四十春秋悟道时。四十载山川巨变，回望来时路，机关幼儿园早已将园所的发展融入时代的脉搏，在南山科技与创新的沃土中找到生长的方向，也见证着南山学前教育的阔步征程，同南山翠色共舞，步入睿智深邃、行稳致远的黄金纪元。

历史沿革：风雨兼程，岁月如歌

南山区机关幼儿园四十载建园历程，既是不同时期四任园长接续奋斗、薪火传承的章节史诗，又是紧密贴合国家政策的发展脉络，与时代同频共振、赓续迭代的卓绝实践。

20世纪80年代的南头，那时在南新路一条尚未拓宽的主干道旁，挺立着一排低矮的骑楼，墙垣斑驳，锈迹点点，显得古朴而陈旧。1985年，就在这片土地上，机关幼儿园应时而建，起步于居民楼内的两间单元房，主要为满足当时南头地区机关干部及居民子女的入园需求而设立。

1987年，首任园长朱济云带领大家将幼儿园搬迁至新建园区南头较场路1号，那时的园舍虽规模不大，但局部城堡的建筑风格，已为南头区第一所公办幼儿园——机关幼儿园，勾勒出一个童话城堡的雏形。虽朴素简约，却也清新敞亮，成为当时南头区域幼儿园一道亮丽的风景线。

初创时仅有7名编制人员，至90年代初，幼儿园面向全国招聘优秀教师，越来越多怀揣梦想的青年教师，从五湖四海会聚深圳，投身于学前教育的建设洪流中，队伍日益壮大。我于1993年5月初加入机关幼儿园，和其他5位青年教师一起，栖身于现在深南大道南新天桥旁南头古城博物馆二楼最东侧的一间宿舍，每日早出晚归，必经楼前那片杂草丛生的小径。那时的我们艰苦奋斗，热情洋溢，满满都是干出一片新天地的憧憬，蹚出一条创新路的激情。

2000年10月1日，新世纪新纪元举国欢腾迎国庆的重要时刻，机关幼儿园在李倩园长的带领下，踏上了历史性的征程，从旧园址迁入前海花园这一全新的天地。新园址占地面积倍增，建筑布局错落有致，宛如一幅待绘的画卷，但又面临着校园环境重塑与文化构建的双重挑战。

21世纪科学技术迅猛发展，伴随着深入贯彻落实《幼儿园教育指导纲要》（以下称《纲要》）精神，幼儿园重新审视并定位园本课程，力求凸显特色，践行"幼儿主动学习"的核心理念。园所在科技教育资源的开发与利用方面取得了显著成效，倡导"科技与艺术教育同行，科技与人文精神并重"的课程理念，通过实施蕴含"全人教育"的园本课程，促进幼儿身心全面和谐发展。《插上科技教育的翅膀——幼儿园科技活动的实践与探索》记录了我们在这一阶段的思考。

我们将每一次尝试视为对未知的探索，每一次进步都视为对卓越的追求。前路未知，机关幼儿园在薄雾中蹚出了一条道路。

杨炼红园长接管园所，园所恰如春日的幼苗迎来了茁壮成长的黄金岁月，幼儿园的成长轨迹与国家学前教育的蓬勃发展交相辉映，彼此成就，共同书写着学前教育事业的新篇章。《3—6岁儿童学习与发展指南》（以下称《指南》）犹如一盏明灯，为幼儿园教育实践探索照亮了前行的道路，提供了坚实的理论支撑。我园作为深圳市实施《指南》首批试点园，承载着探索与实践的重任。

我们关注交融性整体发展。依据《纲要》及《指南》精神，制订了切实可行的课程实施方案，明确了"以幼儿发展为本"的课程目标，悉心梳理并构建了具有核心理念、清晰思路及架构的课程体系。精心打造全方位育人环境，着眼创新性优势带动，凝聚多主体教育合力。借助政策东风，以科学教育为核心，实现了儿童观、教育观和质量观的全面更新变革，呈现出课程建构递进式发展。《以科学教育助推园本课程建构》真实丈量、记录幼儿园课程建构的进取与探索中蹒跚而坚定的步履，获得了顾明远先生的高度评价。

清晰的方向是在混沌中产生的，这个清晰的方向随时间和空间的转变而不断变化。在教育探索的漫漫征途中，从2018年至今，我作为第四任园长，不仅致力于课程的内核建设，更关注其在实践中的应用与检验，内修外拓，构筑课程发展新蓝图。

首先，我们时刻谨记为党育人、为国育才的根本目标与立德树人的根本任务，以为祖国培育新时代好儿童为育人使命，赋予幼儿国际视野与家国情怀。进一步深化"灵动探索家"的课程目标，即培养对生活充满好奇，爱思考、会思考、乐探究的社会主义新儿童。旨在通过精心设计的课程内容与活动形式，使探究成为幼儿日常学习的常态。采用行动研究法，从整体课程入手，合理组织内容，以生活及游戏为基础，综合多种活动形式，如观察、实验、讨论等，激发幼儿的好奇心与求知欲。注重教师在一日生活中的合理安排与多元学习内容的有机渗透，通过丰富的学习环境，支持幼儿在真实、自主的探索中建构经验。同时，我们灵活运用多种教学策略，帮助幼儿通过多种表征方式理解、应用与反思探究内容，促进其全面发展。

其次，我们致力于开发覆盖全程、全场域的探究性学习环境与资源，基于"让探究成为日常"的理念，对探究性学习环境进行了总体设计，提出了"巧设空间环境，深度激发求知欲"的思路。我们分阶段实施，从优化学习环境开始，创设班级科学区，并逐步联合其他操作区域，丰富幼儿的科学探究体验。随后，将探究环境从班级延伸至特色厅廊，重新规划室外区域，提供丰富的环境与可操作材料，用操作活动唤起幼儿的好奇心与探究欲。最终，我们跟进材料创设探究情境，提供基础必备材料支持幼儿自由探索，逐步健全全领域探究性活动课程。

此外，我们还构建了"园—家—社"协同育人机制。依托亲子节庆活动，不断拓展家长参与课程建构的渠道，广纳家长资源。通过"陪伴—个别指导""支持—集体参与""助教—专业指引"等方式，深化幼儿的探究学习，形成互利互动的有效支持。在家园共育良好关系的促进下，家庭资源由班级探究资源的带动，发展为可供全园共享的家庭探究资源系统，实现了幼儿探究的生活化与常态化。《幼儿园探究性学习环境创设》，记录了这一阶段的突破与发展。

在夯实园本课程质量的坚实基础上，我们将目光投向更广阔的天地，致力于让优质课程的光芒照亮更多的角落。以"忠实—适应—创生"为建构思路，精心绘制推广蓝图，通过"整合—优化—提高"的步骤，将课程推广的内容落到实处。以"分析因素—确定变量—总结路径"为模式，深入剖析项目实施的影响因素，构建起科学的孵化体系，如同精密的仪器，深度验证探究性活动课程的普适性。从内容的科学遴选，到模式借鉴的融会贯通，再到框架搭建的稳固坚实，直至体系建设的完善成熟，对课程实践及效果进行深度检验，不断创造提升幼儿园课程质量的新方案。

在推广的过程中，我们采取了横向与纵向双维度辐射的策略。横向，逐步拓宽成果课程的应用版图，让课程的种子在全新园所、有一定基础的园所，以及特色园所中生根发芽。在全新园所，思考如何结合地域与人群特点实现课程的巧妙迁移，助力新园迅速成长；在已有一定文化和课程基础的园所，探索如何融合原有课程进行优化升级，提升课程品质；在特色园所，挖掘地域文化，因地制宜地选择与创生，丰富课程的内涵与底蕴。纵向，以室内外一体化的学习环境为坚实支撑，以师幼共建为核心引领，通过"学习环境、生活活动、游戏活动、主题活动、节庆活动、社会实践"六大实施路径，不断优化课程，实现幼儿学习品质与教师专业内涵的双重飞跃。

在新时代素质教育蓬勃发展、对幼儿成长寄予深切厚望的时代浪潮中，作为机关幼儿园的园长，立足科技创新城区，我始终以"先行者思维"定位园所发展，用"研究者思维"思考课程建设，以"赋能者思维"推动教师队伍提升，带领机关幼儿园为国家面向 2050 年的科创人才贡献了幼儿阶段的培养方案；为全国幼儿园课程改革提供了宝贵范例，引领行业朝着更科学、更契合幼儿发展的方向迈进。机关幼儿园于 2019 年荣获广东省教育教学成果奖一等奖，历时 4 年打磨，荣获 2022 年国家级基础教育教学成果奖二等奖。由教育部设立的国家基础教育教学成果奖，是我国基础教育领域唯一国家级教学成果表彰项目，这一次的获奖实现南山学前教育的历史性突破。获评这些荣誉是对我们实践与理论探索的双重佐证与肯定。

这两个奖项的获得也吸引了社会各界对课程方案和幼儿教育的关注，引发了社会各界对幼儿好奇心培养、素质教育落实的深入思考，提高了社会对幼儿教育重要性的认识，营造了全社会关心支持幼儿教育的良性循环，最终推动了幼儿教育获得更多资源投入与政策支持。

如今的机关幼儿园蹄疾步稳拓新程，以高质量党建引领新时代育人使命，机关幼儿园党支部相继获评南山四星级党支部、先进基层党组织，这是对集团精神的最好诠释。"办人民满意的教育"理念深入民心，机关幼儿园示范辐射已经遍及前海自贸区，携手沙河幼教集团响应区域共建伙伴成长计划，实现"双学区双集团"共生共长；作为带动园联合12所园成功立项广东省首批高质量幼儿园共同体项目，逐步形成引领南头中心区，辐射前海自贸区，影响未来OTC华侨城超总区的集团效应；在全国学前教育普及普惠区督导评估工作中，面对国家级"大考"，代表南山，以高质量教学现场响亮地回答时代命题；数字教育创新案例——《数字生态系统赋能幼儿科学探究活动》，作为全国唯二学前案例之一入选中国教育科学研究院数学教育研究所、全国教育科学规划领导小组办公室编著的《中国数字教育创新实践案例集》，案例《信息技术赋能幼儿项目探究——以"从幼儿园到小学的地图"为例》作为广东省学前唯一案例入选教育部教育管理信息中心、数字学习与教育公共服务教育部工程研究中心编著的《2023年中国互联网学习发展报告.学前教育领域发展报告》，呈现南山教育数字化转型的生动实践；以业内的专业影响力和号召力立项全省学前唯一的第四批广东省基础教育教研基地项目，树立深圳社会主义先行示范幼有善育标杆典范，铸就南山全球一流现代化城区学前样板，这是对南山建区35周年的致敬，也是对机关幼儿园建园40周年的献礼。

40年漫漫征途，遍布无数次的肯定与否定，破解与重构，守正与创新，更像是团队的一场远征，每一步都踏在自我探索的荆棘路上。我越发坚信，求索的意义不仅在于结果，更在于过程；不仅在于达到的高度，更在于攀登的勇气。

未来展望：40年深耕积淀，科创时代再立潮头

作为南山区历史最悠久的公办学前教育旗舰园，站在40年的历史转折点上，我在想我们下一个10年应该怎么走。我认为，以"国家基础教育教学成果奖"为基石，锚"科技创新之都"城市基因，确立南山区"未来学前教育

创新策源地、大湾区幼教改革先行者"的发展定位。通过构建"文化传承＋科创赋能＋生态共生"三维战略模型，打造学前教育从优质走向卓越的南山范式，实现从"示范园"到"思想源"的跨越式升级。

四大核心战略举措：

1. 打造"未来儿童学院"：科创基因深植课程内核

"文化＋科创"双螺旋课程，产学研联动创新。以南山区 40 年改革精神为脉络，开发"数字机幼"主题课程：将剪纸、植物染等非遗文化通过 VR/AR 技术重构，联动大疆、腾讯等企业开发幼儿 AI 启蒙实验室，构建"传统文化数字化再生＋科创素养沉浸式培育"特色体系。

2. 建设"教师成长平台"：从教学者到教育研究者的跃迁

成立幼教创新智库，数字化转型赋能。组建由高校教授、科创企业导师、省市级名师构成的"三导师制"，启动"教科研先锋教师培养计划"，通过教学案例数字化、教研成果产品化，三年内孵化一个省、市、区级名师工作室群。开发教师专业发展数字画像系统，实现从经验驱动到数据驱动的教学革新，打造集团化师资数字化能力提升示范基地。

3. 构建"教育生态共同体"：城市优质资源全域融通

首创"幼教创新联合体"，形成数字化生态矩阵。联动华侨城创意园、深圳湾实验室等机构共建"儿童友好型学习社区"，推出"家长创客工作坊"等特色项目，打造"15 分钟教育服务圈"标杆。实现"园—家—社"资源实时共享、教育行为智能分析，构建学前教育数字孪生生态系统。

4. 创建"学前教育改革实验田"：从标准输出到范式引领

立足全球创新城区，搭建国际对话平台。基于 40 年办园经验，发布《幼儿园数字化转型实施经验》，制定幼儿园科创教育课程标准。促成粤港澳大湾区学前教育创新联盟，共建国际合作学前创新实验室，输出中国学前教育改革的"南山方案"。

作为深圳经济特区发展的同步建设者，我们以 40 周年为新起点：**立精神标杆**：凝练"敢为人先、和而不同"的园所；**立文化标杆**：打造产学研用一体化创新平台；**立价值标杆**：支持儿童发展前沿探索，让机关幼儿园成为丈量中国幼教改革进程的尺度。

站在四十载辉煌积淀之上，机关幼儿园将以"扎根中国、对话世界"的格局，用科技重新定义学前教育边界，用创新书写新时代育人答卷，让这座承载城市记忆的学前教育地标，成为照亮中国幼教高质量发展的"南山灯塔"。

刘红丽

目 录

C O N T E N T S

第三部分　深圳市南山区机关幼儿园园史附录

第一部分

深圳市南山区机关幼儿园
园史概述

　　深圳市南山区机关幼儿园是南山区第一家公办幼儿园，创办于1985年7月。40年来，在南山区委、区政府和南山区教育局的领导下，南山区机关幼儿园坚持立德树人、为国育才，秉承"创设促进幼儿身心全面协调发展的教育环境，提供一生可持续发展高质量的幼儿教育"的办园理念，建构幼儿园课程，实施素质教育，促进儿童身心健康协同发展，取得了优异的办园成绩，从一所单体幼儿园发展为拥有8所成员单位的优质幼教集团，深受市民欢迎。

第一章

高标准起步时期
(1985—1998 年)

一、概况

1980 年 8 月 26 日，全国人大常委会批准在深圳成立经济特区。1983 年 6 月，国务院和广东省政府批准设立南头区，其行政区域为原南头公社、蛇口公社和省属沙河农场。1984 年 8 月，经广东省委、省政府批准，从南头区划出原蛇口公社地域，成立蛇口区。

南头区学前教育薄弱，幼儿园数量极少，且为村办、民办或为小学附设学前班，办园条件差，设备简陋。随着深圳经济特区的快速发展，南头区的建设也在加速，人口不断增长，为了满足机关干部及市民子女入园的强烈要求，南头区政府决定成立南头区中心幼儿园，归区妇联管理。1984 年 8 月 16 日，深圳市计划委员会在《关于下达自筹基建计划的通知》（深计字〔1984〕210 号）中，同意将南头区妇联南头区中心幼儿园列入基建计划，总规模 1500 平方米，总投资 31 万元，由区统筹。1985 年 7 月 15 日，南头区委组织部发文《关于设立南头区机关幼儿园的通知》（南组〔1985〕21 号），批准成立南头区机关幼儿园，为股级事业单位，编制人数 7 人。行政上归南头区妇联管理，业务上归南头区教育局管理。1985 年 8 月，在南山小学任教的朱济云受命创办机关幼儿园。1987 年 2 月 1 日，南头区妇联发文（南妇字〔1987〕4 号）聘任朱济云为南头区机关幼儿园副园长，1989 年 3 月 16 日，南头区教育局发文（深南教〔1989〕19 号）任命朱济云为南头区机关幼儿园园长。

1990 年 1 月，国务院批准成立深圳市南山区，辖原深圳市南头区与蛇口区。1990 年 9 月，南山区正式成立。1990 年 10 月，"南头区机关幼儿园"更名为"南山区机关幼儿园"。1992 年 8 月 22 日，南山区机构编制委员会给机关幼儿园增加编制数 11 人，经费差额。1994 年 9 月 14 日，南山区机构编制委员会给南山区机关幼儿园增编 4 人，经费差额。1998 年 2 月 18 日，南山区机构编制委员会核定机关幼儿园事业编制数 52 人，经费差额。

1996 年 6 月 24 日，南山区妇联发文（深南妇〔1996〕8 号）续聘朱济云为机关幼儿园园长，续聘时间为 1996 年 7 月 1 日至 1999 年 6 月 30 日。1997 年，南山区政府发文，南山区幼儿园正式划归南山区教育局管理，不再归属南山区妇联。随着机关幼儿园班额扩大与发展，1987 年幼儿园安排杨炼红负责行政教务工作，林丽璇负责后勤工作。1990 年 9 月，幼儿园任命彭家敏担任教务主任，杨炼红担任后勤主任。1992 年，马晓梅担任教务主任。

1992 年 9 月区委组织部发文（深南组干〔1992〕35 号）任命杨炼红为园长助理。1999 年 2 月，南山区教育局任命满晶为副园长。1999 年 6 月 30 日，朱济云园长退休。1999 年 8 月，南山区教育局任命李倩为机关幼儿园园长，满晶调任南山区教育幼儿园任园长。

在机关幼儿园高标准起步时期，机关幼儿园的发展可以分为三个阶段。

第一阶段（1985—1990 年）是幼儿园初创阶段，也就是打基础阶段。最开始，由于南头区机关幼儿园的园所尚在建设中，机关幼儿园在红花园居民小区单元楼内的两套民房内开始筹办。筹办期间（1986 年），一是为迁入新园址做各种准备工作，另一方面也需为机关干部子女服务。由于临时筹办地址条件简陋，幼儿园主要提供解决大家后顾之忧的托管服务，招生对象主要是南头区机关干部的子女。经过紧张的筹备，当时全园仅7位教职工，他们克服了重重困难，让幼儿园如期开园，招收了56名幼儿。

1987年，机关幼儿园迁入南头较场路1号新园址，新园占地面积1500平方米，最初只有一栋楼。迁入新园后，设教学班5个，在园幼儿达到159人，教师11人。在朱园长的领导下，全园教职员工艰苦创业，改善办园条件，建制建章，做好规范管理，按国家要求抓好保教工作，为后期的发展打下了良好的基础。

第二阶段（1991—1996年）是创建等级幼儿园阶段。1993年起，深圳市教育督导室开展"深圳市一级一类幼儿园"的评估工作，对幼儿园的办园条件和办园水平进行综合督导评估。机关幼儿园主动作为，在南山区教育督导室的指导下，积极开展迎评准备，在规范化管理的基础上，以迎接市一级一类等级幼儿园评估为抓手，全面推进幼儿园的各项工作。1994年3月，经深圳市教育督导室评估专家组的评审，机关幼儿园顺利通过深圳市教育督导室的评估，被评为深圳市一级一类幼儿园。

1994年10月，广东省教育厅部署了省一级幼儿园的等级评估工作，颁布了幼儿园等级评估制度及评估指标体系、等级评估管理办法及实施细则等。机关幼儿园在获评深圳市一级幼儿园后，积极创造条件，申报省一级幼儿园。1995年，广东省政府教育督导室正式启动了对13个地（市）107所申报省一级幼儿园的评审工作，1996年1月15日，机关幼儿园顺利通过省一级幼儿园评审，成为深圳市首批获评省一级幼儿园的10所幼儿园之一。

在短短的3年中，机关幼儿园连上两个台阶，从一所普通幼儿园成为省一级幼儿园，实现了机关幼儿园高标准起步的预定目标。

第三阶段（1997—1998年）是酝酿新的发展规划阶段。1997年恰逢香港回归，机关幼儿园举行了"迎回归庆园庆"建园10周年庆祝活动（注：在本次园史编撰前，机关幼儿园都是将1987年7月迁入南头较场路1号新园址作为

建园日期，见上图）。评上省一级幼儿园后，朱园长带领全园教职员工开始思考、谋划下一步的发展，在集思广益的基础上，幼儿园有了初步的行动设想，为幼儿园下一阶段高速度发展打下了坚实的基础。

二、主要工作

（一）艰苦创业，高标准起步

机关幼儿园从成立开始，就把教师队伍建设摆在重要位置。朱济云园长在选调幼儿园教师时，坚持以师德为首，强调应聘者对幼儿教育的事业心和对孩子的爱心，同时新入职教师要达到规定的学历。在招聘时，幼儿园会对应聘者精挑细选，既考察应聘者的教学能力以及唱歌、舞蹈、美术、音乐等技能技巧方面的业务能力，也注意形象、气质，能代表机关幼儿园的良好形象。1992年8月，机关幼儿园首次向全国公开招聘教师，陈红、秦文婕等老师通过全国招聘入职。幼儿园不定期对保教人员进行专业培训，提高他们的专业素养。朱园长以身作则，对年轻人言传身教，幼儿园风清气正。

机关幼儿园十分重视环境建设。幼儿园选址在南头较场路1号，当时这块地一片荒芜，杂草丛生，幼儿园最初的园舍是一栋三层楼的建筑，后来区政府对幼儿园进行了扩建，在原建筑上加盖了一层。朱园长带领全体教职员工，自己动手，美化校园，对幼儿园建筑外墙、教室内墙和区角重新刷油漆，使整栋建筑色彩搭配合理，符合儿童心理发展特点。幼儿园的大门是红白相间的双开铁门，每间教室里有专门的卧室，地面是实木地板。幼儿园一方面争取区政府的支持，加拨经费供幼儿园添置睡具、教玩具等设施，另一方面保教人员自己动手在班上制作教玩具等，满足幼儿学习的需要。当时，一些外地来南头求职的幼儿老师对机关幼儿园漂亮、温馨、舒适的环境赞不绝口。

在创园期间，每一位教职员工都以主人翁的态度，参与幼儿园的建设。从红花园搬到较场路新园时，大家都是搬运工。新家具进场时，没有电梯，大家一层一层往楼上挪。朱园长和全园教职员工孕育的"创业精神"，一直影响着后来人，成为机关幼儿园发展的宝贵精神财富。

崭新的校园，充满活力的教师，规范的管理，幼儿园实现了高标准起步，得到了区领导和幼儿家长的高度认可。

（二）幼儿园等级评估

20 世纪 90 年代初，深圳市对幼儿园的办园水平和办园条件实行评估，机关幼儿园借着深圳市开展市级幼儿园等级评估的东风，对照等级评估的标准，认真梳理总结，改进完善幼儿园的管理与保教工作，提升办园质量，并于 1993 年下半年向市教育局提请评估申报，顺利通过了由市教育局、教育督导室组织的评估专家组的评审。深圳市教育局于 1994 年 3 月 3 日发文《关于确认我市第一批"一级一类幼儿园"的决定》（深教幼字〔1994〕1 号），公布了深圳市第一批被评为市一级一类幼儿园的 28 所幼儿园名单，南山区机关幼儿园名列其中。

1994 年 10 月，广东省教育厅部署了在全省开展省一级幼儿园的等级评估工作。机关幼儿园抓住机会，在成为深圳市一级一类幼儿园的基础上，继续申报省一级幼儿园，并于 1994 年 12 月 28 日正式向省教育厅提交了《广东省幼儿园等级评定申报表》。

截至 1994 年年底，机关幼儿园已有教学班 10 个，幼儿总数 334 人，教职员工 51 人，教职工与幼儿比率为 1 : 6.5。教职员工学历达标率为 100%。幼儿健康成长，无安全事故，机关幼儿园教育教学工作得到了上级教育部门的肯定。幼儿园占地面积扩大到 2806.2 平方米，建筑面积达到 3280 平方米，幼儿户外活动面积达 2319 平方米，绿地面积达 1220 平方米。在区政府大力支持下，幼儿园设施设备完备，拥有游泳池、跑道、攀登架、滑梯、荡船、平衡木、秋千等幼儿活动设施，添置了丰富的构建类、科学类、音乐类、美工类、电教类、劳动类、阅读类的玩教具。

1995 年，广东省人民政府教育督导室正式启动了对全省 13 个地（市）107 所申报省一级的幼儿园的评估工作。经督导专家组的严格评审，机关幼儿园以优异成绩通过了省一级幼儿园的评估。1996 年 1 月 15 日，广东省教育厅向南山区机关幼儿园颁发了"广东省一级幼儿园"的证书。

在不到三年的时间内，朱济云园长带领全体教职员工，把机关幼儿园从一所普通幼儿园办成了省一级幼儿园，机关幼儿园实现了从"区一级"到"市一级"再到"省一级"幼儿园的三连跳，实现了机关幼儿园办园的高标准起步。

（三）园本课程建设

自建园时起，机关幼儿园管理团队就把园本课程建设列为幼儿园的重要工作，多次组织教师学习国内外先进的课程理论，结合幼儿园的实际，研究开发园本课程。幼儿园以主题作为统整五大领域教学内容的单元，教师发挥自身技能技巧方面的优势，设计教学案例，执行具体、明确的既定教学目标，教学效果不断提升。在班级布置活动区角，摆放供幼儿活动使用的材料。开展五大领域教学的主题活动是机关幼儿园园本课程建设的开端，表明幼儿园的课程建设一开始就走在正确的道路上，并在区内领先。当然，它也留下了一些需要继续研究解决的问题，例如，如何从满足幼儿全面发展的内在需求出发，对课程进行统整思考和具体设计等。

（四）初步凸显幼儿园特色

1990 年，南山区成立后，区教育局提出以特色教育为突破口，大力推进素质教育。南山教育逐步形成了六大特色，艺术教育和英语教育就是其中的两大特色。在抓好幼儿保教方面，机关幼儿园非常重视艺术和英语的教育。幼儿园安排了李潇池担任专职美术老师，从 1993 年起，李潇池在幼儿园开展幼儿创意油画教学实践。在李潇池老师的指导下，幼儿创意油画教学深受幼儿和家长喜欢，并在南山区产生了一定的影响，多次在全区幼儿园、小学中举行教学观摩活动，儿童作品多次获省、市中小学幼儿园绘画比赛大奖。

根据南山区教育局提出的"幼儿起步，小学龙头"的英语教育策略，机关幼儿园决定在幼儿园开设英语课。机关幼儿园聘请了杨丽梅、杨丽艳为专职幼儿英语教师，使用朗文出版社的英语教材，通过游戏教学、歌曲教学等符合幼儿特点的学习形式，培养幼儿对英语的学习兴趣，在创设的情境中获得语感，敢于开口说英语。机关幼儿园的英语教学在全区产生了一定影响，区教研室在幼儿园举行了全区的教研活动。广州蓝天幼儿园特地邀请杨丽梅老师去广州上课交流。幼儿园表演的《皇帝的新衣》在深圳市电视台少儿频道播放。

第二章

高速度发展时期
(1999—2007 年)

一、概况

2000 年 11 月，科技部、教育部等五部委颁布《2001—2005 年中国青少年科学技术普及活动指导纲要》。2000 年，南山区成为广东省课程改革实验区，2001 年 7 月 2 日，教育部颁布《幼儿园教育指导纲要（试行）》，同年，南山区成为国家级课程改革实验区之一。2002 年，南山区被评为广东省教育强区，南山教育进入高速运行阶段。

2000 年 10 月，机关幼儿园搬迁至南山区桃园路前海花园小区内 15 栋。南山区委、区政府主要领导，区教育局李忠俊局长等参加了机关幼儿园的乔迁仪式。2004 年 8 月，前海花园三期配套幼儿园划归机关幼儿园，作为婴幼儿早期教育实验基地。机关幼儿园将前海花园三期幼儿园作为小班部，解决了 8 个班 240 名 3 ~ 4 岁幼儿入园的学位问题，使周边社区适龄幼儿缺乏优质教育学位的难题得到一定程度的缓解。至此，机关幼儿园两处园址共占地面积 9116 平方米，建筑面积 7616.16 平方米，生均占地面积 14.50 平方米。幼儿园户外活动场地面积 3943.85 平方米，小树林和南、北操场三个户外运动场功能划分清晰，环形塑胶跑道，大中型组合玩具应有尽有，配套设施功能齐全，布局合理，人均户外场地面积 7.45 平方米。绿化覆盖率达 56%。机关幼儿园迁址到前海花园这一举措，为市民提供了更多的优质学位，也为自身发展拓展了空间。

搬迁过程中，机关幼儿园的教职工传承了朱园长时期传承的创业精神，年轻的男教职工成为搬迁的主力军，他们把文件柜、活动柜先拆下来，从楼上扛下来装车，卸车后又往新楼上扛。女教职工同样不怕苦、不怕累，冒着酷暑参加搬迁工作。当时较场路园区有部分茂盛的树木，教职工都很喜欢，也是一种念想，于是，几个男教职工把大树连根挖起，齐心协力抬上大货车，运到新园，栽在院子里，成为新园的一道风景。

2000 年 11 月 28 日，南山区机构编制委员会核定机关幼儿园事业编制数为 56 人（差额）。2001 年，杨炼红被任命为副园长，2005 年，杨炼红被任命为副园长、书记。2008 年 3 月 30 日，李倩园长退休。

在区委、区政府的大力扶持下，机关幼儿园硬件建设投入资金充足，幼儿活动室单位面积 108 平方米，配套有多功能厅、美术室、器乐室、电脑室、棋类室、情境游戏室、图书室、科技室（3 间）、科技长廊、资料室、音像资料室、教师办公室等功能用房，能满足多个班级轮流开展丰富活动的需要。幼儿园与教育、财政等多个部门协调、沟通，于 2009 年启用专项经费 150 万元，改造班级洗手间。

至 2001 年，幼儿园开设 21 个全日制班，在园幼儿 600 人，教职工 100 人，师幼比例为 1：6，教师 54 人，其中小学高级教师占 47%，学前教育大专以上学历达到 91%，英语专职教师 2 人，美术专职教师 2 人，教师专业合格率达 100%。保育员 21 人，均具备高中或中专以上学历，100% 持证上岗。

从 2001 年 9 月起，机关幼儿园成为科技部、教育部、中宣部、中国科协、共青团中央五部委《2001—2005 年中国青少年科学技术普及活动指导纲要》、全国教育科学"十五"规划教育部重点课题《科学教育与技术教育相结合的理论与实践研究》和南山区"做中学"科学教育改革实验项目实验基地，机关幼儿园以推进幼儿科技教育和"做中学"项目为主要抓手，加速了以引发幼儿主动学习为主线的幼儿科技教育课程的园本化过程，促进了教师的专业发展，初步形成了一支学习型、研究型、富有群体实践智慧的合作团队。2003年11月，幼儿园获得"全国科技教育课题研究实验基地示范园"的荣誉称号。2003年12月，机关幼儿园举办首届科技节。2006年3月，机关幼儿园提交的科技教育研究报告《简述幼儿科技教育三类资源的开发积累》获全国教育科学"十五"规划教育部重点课题"科学教育与技术教育相结合的理论与实践研究"成果奖。2006年10月，李倩园长主编的《插上科技教育的翅膀——幼儿园科技活动的实践与探索》由学苑出版社出版。

2001年，机关幼儿园接受省一级幼儿园复评。

2002年，机关幼儿园与南头街道办事处、南头城实业股份有限公司联合办学，三方合作管理南头城幼儿园。

2005年，机关幼儿园获评首批"深圳市集体用餐单位A级厨房标准"认证。

2006年6月，机关幼儿园举行"唱响成长，放飞希望"20周年园庆，南山区政协主席黄水桂，副区长罗敏，区教育局局长刘晓明、副局长贾非等参加了园庆活动。

在这一阶段，机关幼儿园办园品位进一步提升，规模办园、优质教育在南山区乃至深圳市都有一定的影响。

二、主要工作

（一）开展科技教育课题研究，建构园本课程

在奠定"科技与艺术教育同行，科技与人文精神并重"的园本课程文化基

调后，机关幼儿园进入以科技教育为主线、促进幼儿主动学习的园本特色课程摸索实践阶段，即整合以科技教育为主线的主题活动阶段。2000 年 11 月，机关幼儿园成为科技部、教育部等五部委《2001—2005 年中国青少年科学技术普及活动指导纲要》实验基地，围绕"幼儿科技教育资源的开发和利用"和"做中学"科学教育实验项目开展实验研究，在研究过程中构建幼儿园的园本课程。为了做好课题研究，幼儿园特聘中央教育科学研究所科学与技术研究中心幼儿科技教育项目组主任、上海市教育科学研究院教师发展中心特约研究员徐子煜和南山区教科中心幼教教研员吴慧鸣担任指导专家，课题研究期间还得到教育部科学学科课标组成员、广西师大教授罗星凯，中央教育科学研究所研究员赵学漱，中国教育科学研究院国际与比较教育研究所所长、研究员王素的指导。

幼儿园科技教育课题项目从支撑科学教育的资源入手，开发出一套体现幼儿科技教育理念的教学资源体系，它包括：

（1）构建专题资源存储系统的第一种形态的资源——科技活动资源

资源库采用网页形式，网页格式容量大，编辑修改容易，能解决各资源间的互动，以及活动方案间的连接。资源库包括教师用和幼儿用的资源两大部分，分别收入有关社会、科学、天文、教育等多种背景资料。

（2）建设专题资源存储系统的第二种形态的资源——幼儿科技操作间

幼儿园秉承"看中学、玩中学、做中学、用中学"的指导思想，建设了幼儿科技操作间。我们在科技操作间提供了充足的材料，设置了供幼儿使用的安全器械，创设了"汽车加工""手工作坊""叮咚小木屋"等区域，使幼儿带着任务或问题进行科学探究。

（3）建设专题资源存储系统的第三种形态的资源——幼儿科技教育资源包

资源包包括配备与完成某个专题制作有关的全部原材料、半加工材料、工具、设计图、操作示意图、学习任务单等，是开展幼儿专题科技活动的学具。

（4）积累专题资源存储系统的第四种形态的资源——科技教育系列活动资源

教师们将幼儿园在实验研究过程中实践的优秀科技教育活动方案，分6个专题汇编，供区内外教师参考使用。

同时，幼儿园完善了局域网，保障幼儿科技教育信息资源通道畅通。幼儿园着力拓宽了园局域网，实现了各个工作站互访和资源共享。幼儿园多媒体教学资源库中收集了幼儿科技教育课件100多件，支持了幼儿园科技教育活动，让幼儿在活动中真正受益。

幼儿园自2001年起，先后承担了国家"十一五"重点课题"幼儿科技教育"项目子课题、"以园为本教研制度建设"课题。幼儿园科技教育课题研究取得了优异的成果，幼儿园开始举办科技节，展出亲子科技作品750多件，中国科学院院士张本仁、刘广润对其中的18件作品高度赞扬并亲笔题词。《水的奥秘》《滑轮》《恐龙家园》等3篇案例被收录进《幼儿园新课程教学活动案例》（吴慧鸣主编，广东高等教育出版社，2004）。

2003年，机关幼儿园成为全区小学、幼儿园"做中学"实验项目牵头基地，接待了600余名区小学、幼儿园实验教师的观摩学习。2007年，机关幼儿园成为"做中学"科学教育实验项目幼儿科技教育深圳片区核心园，为推动深圳市幼儿科技教育研究项目发挥了积极的作用。2008年11月，机关幼儿园在全国"幼儿科技教育研究课题中期成果汇报"会议研讨交流中承担了重点分会场的接待任务。在"科技长廊"和"科技操作室"里，幼儿的自主探索，多年来开发、积累的科技教育资源和科技教育特色课程等，得到来自全国的专家代表、同行的高度评价。

（二）坚持素质教育，艺术和英语特色更加鲜明

2003年3月，机关幼儿园承办了深港幼儿英语教学展示活动，南山区政协副主席、区教育局副局长张效民，市教育局基教处副处长邱卫思，南山区教育局局长刘晓明，南山区妇联主席冯琼珍到会。幼儿园的英语教学继续在全区幼儿园中处于领先示范地位。美术老师罗素民、李潇池在幼儿园开展创意美术教学，其基本思路是先让幼儿观摩、欣赏名作，然后幼儿结合自己在生活中的观察进行创意绘画。在教学中，老师强调借助富有表现力的各种媒介，如音乐、诗歌、故事、舞蹈等，激发幼儿在绘画上的潜力。在画画过程中，通过让幼儿综合运用水粉、丙烯、水墨、油画棒等不同材料进行创作，使其在不同材料的体验过程中产生不同的灵感。幼儿的创意画作品多次在深圳市少儿花会获得金奖，并参加全国展览，《美术》《中国美术报》曾专版介绍机关幼儿园幼儿的水墨画作品。2003年，南山区教育局和中国美术家协会少儿艺术委员会合作，举行南山中小学幼儿园美术作品欧洲巡展活动，区政协副主席、区教育局副局长张效民带领美术教师和学生代表前往德国、法国、卢森堡、荷兰、比利时参展。李倩园长和罗素民、李潇池老师带着幼儿的美术作品随队去欧洲参展。回国后，幼儿园把天台改造成两间美术教室，李潇池和罗素民老师各负责一间，李潇池研修西画，罗素民研修中国画和水墨画。同时，两位老师把幼儿园的美术创意活动编成幼儿园的美术教材，被其他幼儿园借鉴。

（三）省级幼儿园复评

自1996年评为省级幼儿园后，机关幼儿园于2001年接受省级幼儿园的复评。幼儿园成立了以李倩园长为组长的迎接复评工作领导小组，召开了全园范围的动员大会，明确了迎接复评工作的重大意义，幼师全员逐条学习并对照《广东省幼儿园等级评估方案》，梳理专家们提出的意见，找差距，制订整改计划，反复自查，认真整改。

幼儿园借迎接省级幼儿园复评的机会，完善各项管理制度，努力提升服务效能。幼儿园组织全体教职工共同参与各项规章制度的重新修订，在民主管理、民主参与的过程中，大家明确了各自的职责，增强了自我管理的内驱力，

完善制度，提升了服务效能。在完善制度的同时，也注意强化激励机制，建立班主任风险基金，设立首席教师奖励制度，鼓励一线教师岗位成长，在管理中充分体现人文关怀、民主管理。

根据 2001 年省级复评时专家提出的意见，幼儿园参照《广东省幼儿园等级评估方案》，进一步充实、完善了各类资料信息，规范了档案管理。

在迎接省级幼儿园复评过程中，幼儿园通过课题研究、教师培训，进一步帮助教师确立正确的儿童观、教育观。在突出特色课程建设的同时，幼儿园将幼儿的一日生活纳入课程之中；进一步完善课程目标体系；重新调整一日生活组织形式，为幼儿提供充分的自主活动时间和空间；注重班级材料投放的丰富性、层次性、探索性，为幼儿的自主探索、同伴间的合作学习创造条件。继续做好"以科技教育为主线引发幼儿主动学习"的园本化课程的建设和自 2001 年开始启动的"幼儿科技教育资源开发与利用"项目的研究，逐步构建、完善幼儿园课程体系。

由于幼儿园准备充分，整改得力，两次省级幼儿园复评专家组对幼儿园的工作给予了充分的肯定，幼儿园两次顺利通过省级幼儿园的复评。机关幼儿园通过复评后更加注重发挥省级幼儿园的示范作用，带动周边幼儿园的教研活动。机关幼儿园负责组织南头片区金苗幼儿园、麒麟幼儿园、阳光棕榈幼儿园、北大实验幼儿园等二十几所幼儿园的教研交流，责无旁贷地开展了形式多样、片区园间的教学研讨，如开展有针对性的专题教学研讨，负责学期教研计划的制订、幼儿园主题教学活动的实施、班级活动区的指导等。幼儿园定期向南头片区幼儿园开放公开教学活动，邀请所属片区园参加机关幼儿园园本教研活动的观摩，在片区园间组织参与式、互动式的教研活动，充分发挥省级园的管理优势、人才优势，引领周边幼儿园向优质发展。

（四）合作管理南头城幼儿园

2002 年，经南山区教育局批准，机关幼儿园与南头街道办事处、南头城实业股份有限公司联合管理南头城幼儿园，进行全市首个公民办合作办园的成功尝试，机关幼儿园指派专人进驻并指导南头城幼儿园，先后由顾为民、王满珍、赵锦霞担任园长。3年后，濒临倒闭的南头城幼儿园由不足4个班70名幼儿增至8个班240余名幼儿，并迅速通过了区、市级的达标评估，被认定为深圳市首批普惠园试点，获得"优质园"奖励。南头城幼儿园焕发新生，是机关幼儿园发挥优势、整合资源、激活教育的一次有益尝试，也证明了机关幼儿园省级示范园的巨大引领作用。

第三章

高水平发展时期
(2008—2018 年)

一、概况

为推进学前教育健康发展，根据《国务院关于当前发展学前教育的若干意见》和《深圳市学前教育发展行动计划（2012—2013 年）》文件精神，南山区教育局先后制定了《南山区学前教育发展行动计划（2012—2013 年）》和《南山区学前教育发展三年行动计划（2015—2017 年）》，同时出台了《南山区学前教育专项经费管理办法》《南山区建设普惠性幼儿园实施方案》《南山区学前教育教师培训课程计划及经费预算》《南山区学前教育学区联盟管理暂行办法》等文件，全力推进学前教育高质量发展。

2008 年 8 月，南山区教育局任命杨炼红为机关幼儿园园长、党支部书记。杨炼红园长十分重视幼儿园领导班子建设，在区教育局的支持下，采用竞聘方式，完善加强幼儿园班子建设。2009 年，幼儿园任命杨丽艳担任园工会主席。2011 年 11 月 29 日，机关幼儿园举行中层领导岗位竞聘，根据竞聘结果，任命刘红丽（原教学主任）为教学助理；李积筠（原后勤主任）为后勤助理；汤鹄（原教学副主任）为行政助理；王满珍（原保教副主任）任保教主任；李湘云（原人事干部、办公室干事，2016年调任大新幼儿园副园长）任办公室主任。2012年8月，区教育局任命刘红丽为副园长。2016年8月，区教育局任命潘峻茹为副园长。2018年12月，杨炼红园长退休。

2016年，幼儿园开设22个全日制班，在园幼儿734人。教职工118人，专任教师66人，其中小学高级教师占51%，学前教育大专以上学历达到97%，教师专业合格率达100%。保育员22人，100%持证上岗。

幼儿园环境不断发生变化，2012年、2014年启用校园安全改造和校园文化提升项目经费共750万元，校园环境得到全面改善、提升。

2009年，机关幼儿园第二次接受省一级幼儿园复评。在杨炼红园长的带领下，全园教职员工根据第一次省一级幼儿园复评时评估组提出的整改意见，对迎接幼儿园复评做了认真的准备，最后以优异的成绩通过了省一级幼儿园的复评。

2017年，机关幼儿园举行"筑梦城堡"30周年园庆。

在本时期，机关幼儿园接待了意大利、新西兰等国家和浙江、江苏、河南、湖北、云南、安徽等地幼教同行来园观摩学习，承担了广东国培项目的跟岗培训。机关幼儿园被评为教育部《3—6岁儿童学习与发展指南》实验园。2012年年底，杨炼红园长主持的《科教环境下幼儿探究性学习研究》被广东省立项为省"十二五"规划课题，幼儿园联合星海为明幼儿园、育才阳光幼儿园、元凤艺术幼儿园、俊峰丽舍幼儿园、育才一幼、北师大浪琴屿幼儿园、南头城幼儿园等，组成研究共同体，共同参与课题研究工作。2015年2月，杨炼红主编的《以科学教育助推园本课程建构》列入《中国著名幼儿园》丛书，由江苏凤凰少年儿童出版社出版。2009年10月，杨炼红获评广东省优秀园长；2013年获评深圳市首届"鹏城幼教蒲公英奖"、深圳市十佳园长；2015年，获评深圳市三八红旗手；2016年，获评深圳市首批学前教育名园长工作室主持人、深圳市学前教育"苗圃工程"名园长。

二、主要工作

（一）民主管理，完善制度，搭建教师专业成长的平台

1. 建章立制，依法办园

幼儿园在规范管理、依法办园思路的基础上，坚持学前教育的核心价值，重视唤醒幼教人的责任意识，更加注重完善各项管理制度，建立民主管理核心机制，为教师专业成长与幼儿园发展服务，全面提升管理效能。在齐心协力营造"充满温情和激情的园本文化氛围"的过程中，组织全体教职工多次参与《教职工行为规定》《幼儿园教职工奖惩制度》《聘用教职工管理办法》等各项管理规章制度的重新修订，以平等、开放、民主、真诚的态度面对每一位教职工，以公平、透明、客观的态度对待每一项决策。成立从幼儿园硬件建设咨询招标，到课程建设优化，以及教职工评聘的各类工作小组，各小组按需定期履职，用严明的制度、公开民主的规范管理，真正让全体教职工都感受到了幼儿园发展有我一份责任、一份功劳，使每个人都体验到参与管理实现共同愿景的快乐，以及人生的价值。园内呈现出一派积极、自律、自爱，认真工作、享受成长的和谐风貌。

2. 以人为本，搭建自我激励的平台

幼儿园以党团支部为阵地充分发挥政治核心作用，以园务会为管理核心，工会、教代会、家长委员会发挥监督保障作用，不断提高教职工向心力和以创新求发展的能力，努力为教职工的成长营造一个良好的环境。幼儿园强化激励机制，实施和完善了学历津贴制、优秀教师奖励制和导师工作制，希望留用高素质、高学历人才，鼓励全体教师都能发挥所长，因人而异地规划个人发展方向；在在编和非在编教师配比倒挂的情况下，尽力创设机会均等、奖励均等、有归属感的心灵家园。在良性的激励机制下，在编教职工率先垂范，从自身做起，担当示范及推动队伍成长的责任，造就了一支优秀的、高素质的教职工队

伍。幼儿园涌现出 2 名广东省首批讲师团培训师、1 名学科带头人、2 名南粤优秀幼儿教师、2 名中青年骨干教师、12 名优秀班主任、1 名"十佳教育工作者"、1 名"十杰教师"、1 名挂牌教师等一批优秀教育工作者。

3.强化园本教研和园本培训，搭建伙伴互助的平台

幼儿园每月组织以园为单位不定期的专题教研、每周以平行年级为单位的级组教研，以及每天的班级教研，以教学中的实际问题、活动案例为研究载体，采取行动研究、案例研究的方法，及时评价讨论、交流分享各自在学习环境创设，一日活动组织中的困惑、尝试，这样的园本教研使教师自觉主动地探索解决实际问题，改进教学、提高育儿质量的研究。提供多渠道、多元化的师资培训是机关幼儿园教师专业成长的一项重要工作。幼儿园为教师提供班级活动区域创设、领域内容及教学活动组织实施、奥尔夫音乐、早期阅读、体能锻炼课程等专项培训。在各种学习培训中，强调教师们的思考、运用与创新。每次学习结束后，都会要求教师学以致用，在日常教学中拓展运用，并积极创造机会通过观摩课、活动及环境创设、观摩、交流研讨等形式，倡导教师展示自己的创新成效。

4.学术分享，搭建专家引领的平台

幼儿园不定期邀请专家参与园本教研，借助专家的影响力带动教师教研的热情与教学能力的提升。幼儿园邀请市教科院幼教教研员刘华老师、南山区教科中心幼教教研员吴慧鸣副教授、区教科研中心胡艳蓓博士等专家入园指导、培训。有专家持续支持的园本教研，为教师提供了新的教育理念，引领了教师的研究方向，指导教师采用新的研究方法解决幼儿教育问题。每一次的教研过程，我们都注重团队协作，努力营造畅所欲言、各抒己见的氛围，通过专家引领的园本教研活动，教师队伍整体专业水平得到提升，形成了一支学习型、研究型、富有群体实践智慧的合作团队。

（二）园本课程建构跨越式发展

本阶段是以科学教育助推幼儿整体发展的园本课程建构的完善阶段。教育部颁布《3—6岁儿童学习与发展指南》后，机关幼儿园成为深圳市实施《3—6岁儿童学习与发展指南》试点园，继续承担幼儿园科学教育的课题研究。幼儿园借助这个机会，完善园本课程，实现幼儿园园本课程的跨越式发展。本阶段幼儿园的园本课程具有以下主要特征：

1. 关注交融性整体发展

机关幼儿园以《幼儿园教育指导纲要（试行）》和《3—6岁儿童学习与发展指南》为指导，结合幼儿园的实际，依照明确的"以幼儿发展为本，以幼儿自主发展的需要为依据，全面促进幼儿情感、态度、兴趣、个性及能力提高，为幼儿后继学习和终身发展奠定良好素质基础"的课程目标，细心梳理园本课程理论依据、建构原则、内容与要求、模式与组织形式、资源整合、教育评价等，建构促进幼儿学习与发展需要的高品质园本课程。过去，园本课程以教师为中心，以集体教学活动为主，区域活动为辅，领域、目标相对零散，统整性不足。本阶段的园本课程以《3—6岁儿童学习与发展指南》为指导，从不同年龄阶段幼儿学习和发展的目标出发，遵循幼儿的学习方式与特点，教师不断开发与充分利用幼儿园多年来积累形成的优质教育资源，高水平组织生活活动、游戏活动、主题活动，这些集体、小组教学活动富有专业性、高质量的互动性，促进了幼儿整体发展。在把握《3—6岁儿童学习与发展指南》精神的前提下，园本课程在实施过程中把每一个幼儿作为需要全面发展的"人"来培养，课程学习更加注重以直接经验为基础，在游戏和日常生活中自然习得，更加注重领域之间、目标之间的相互渗透与融合，以促进幼儿身心全面协调发展。

2. 打造全方位育人环境

机关幼儿园力求创设安全、丰富、自然、温馨、富有教育内涵的室内外、全方位的优质环境，突出体现环境持续有效地与幼儿对话，包容每一个幼儿。充分利用现成、有利、方便的社区资源拓展幼儿认知、感悟的范围，将有意义的学习延伸到图书馆、医院、商场、邮局、消防局、部队等多行业，支持幼儿在环境中探索人与物的互动、观察、自主探究和交流沟通。本阶段形成的环境课程资源主要有 5 种：信息资源、操作空间资源、系列活动资源、网站资源和社区资源。

3.体现创新性优势带动

在本阶段，以幼儿科学教育为主干的园本课程吸收融合了加德纳的多元智能理论、维果斯基的最近发展区理论、小威廉姆·E.多尔的后现代课程观等教育理念，结合幼儿园的实际，力求以不断增强的特色优势解析与呈现幼儿园园本课程的"魂与体"，使之不断丰富、提升，带动幼儿园整体发展。

4.凝聚多主体教育合力

幼儿园注重整合多方教育资源，形成幼儿园、家庭、社区三位一体的教育同盟。其一是充分利用社区、家长资源优势，做好家园共育，吸引家长走进幼儿园，协同教师组织教育教学活动，通过社区实践、幼小衔接、家长助教等丰富多彩的活动，营造社区、家庭、幼儿园以及家长、幼儿、教师之间大教育的理想氛围。其二是利用节庆亲子品牌活动平台，营造理想共育氛围。每年一度的科技节、读书会、运动会、欢乐"六一"等是常年打造的亲子品牌活动，在共同参与的亲子活动中，家长的热心参与指导为幼儿安全、有效、有序、快乐学习提供了强有力的支持。

（三）坚持四个落实，加强安全卫生保健工作，创建平安园

1.落实安全制度

幼儿园制订了厨房操作规范公开制度。在创建"省级餐饮示范单位"过程中，率先在教职工餐厅安装"阳光厨房"视频监控系统，从采购渠道到操作流程，厨房监控全方位无死角，完全做到安全规范、公开透明。建立安全教育亲子共育制度。幼儿园节假日、流行病高发期，启动亲子安全提示预警机制，携手家长共同开展遵守交通规则、预防疾病等安全教育。积极协助市慢病院安全座椅的推广工作，采取亲子参与、安全座椅进班级等贴近幼儿日常生活的方式，使家长和幼儿了解出行时的乘车安全；幼儿园携手市疾控中心推行"深圳市幼儿园手部卫生促进项目"，邀请相关专业人士定期入园测查幼儿手部卫生情况，加强指导幼儿园清洁卫生工作。

2. 保教一体，重视保健工作

机关幼儿园主张在保健中进行教育，在教育中不忘保健。保教一体，持续常态化开展班级幼儿体能跟踪监测，定期收集测查表，做好采样分析，掌握各班级体能锻炼强、弱项目，有针对性地指导班级户外体能锻炼，以强项带动弱项，促进幼儿身体全面协调发展，培养身心健康的幼儿。我们认真落实执行各项卫生保健制度，注重疾病预防，幼儿常见病多发病的发病率控制在 3.4% 以下，缺点矫治率 90.5%，预防接种率 100%。各项饮食卫生、营养达标，多年来连续被评为深圳市卫生保健优秀幼儿园。

3. 细化锻炼目标，开展体育活动

机关幼儿园一贯重视体育锻炼，充分利用幼儿园户外活动场地充足的优势，细化攀爬、悬吊、投掷、跑跳等功能区域、器械划分、体能锻炼目标，积极开展一操（早操）、一锻（午锻）、两活动（上下午户外活动），幼儿生长发育达标率 100%。

4. 重视心理个案的早期干预工作

机关幼儿园重视幼儿心理健康教育，完善心理个案的早期干预工作。坚持将幼儿心理健康教育纳入学期工作计划，开展心理筛查，发现问题后积极制订干预措施。班级教师做好个案跟踪记录，幼儿园建立心理保健个案管理，加强了与家长的沟通交流，家园联合共同做好早期的心理教育工作。

（四）开展四个衔接，整合社区教育资源，拓展幼儿成长空间

1. 与大自然衔接

幼儿园充分利用院内院外宝贵的自然资源，潜移默化地渗透热爱大自然的教育、健康教育、审美教育、绿色环保教育、自然科学教育与预防自然灾害的教育。

2. 与家庭衔接

充分利用幼儿园良好的社区、家长资源优势，做好家园共育，吸引家长走进幼儿园，提供相关资源，协同教师组织教育教学活动。通过社区家长助教、家长义工等丰富多彩的活动，营造家长、幼儿、教师之间幸福和谐的理想氛围。利用节庆亲子品牌活动平台，营造理想共育氛围，如一年一度的科技节、读书月、运动会、"六一"欢乐周等。

3. 与社区衔接

有效利用社区资源开展教学活动，大班幼儿设计采访活动，采访社区生活的人，采访为社区提供服务的人；多次参加"和谐社区"文艺演出；参加社区老年运动会开幕式的表演；参加南头街道办事处科技节的知识竞赛；参观、访问社区小学校；联合社区参与社区文明共建；走进图书馆，让孩子了解公共设施图书馆的功能，参加图书馆"读书月"家庭知识竞赛、"'六一'童话节，爱心跳蚤市场"等，既加强了幼儿园与社区的联系，又让幼儿在活动中受到教育。

4. 幼小衔接

社区内的前海小学是幼儿园实施幼小衔接的重要伙伴。每年幼儿园都有计划地组织和开展幼儿参观小学环境，观摩小学生课堂教学活动，参加小学的科技、英语、艺术节，新少先队员入队仪式，举办"幼小衔接"家长讲座等活动。幼儿园与前海小学合作开展了幼小衔接实验研究。特别针对大班年级的幼儿，让大班的孩子通过参观和观摩等一系列活动，更多地认识和体验小学与幼

儿园在生活和学习上的区别，从而为孩子提供了逐步适应的阶梯。我们邀请学校领导和教师，与我们的老师和家长举行多次座谈，让我们的教职员工和家长们了解如何培养一名小学预备生。幼儿园、学校、家庭三方广泛地交流、亲密地合作，使我们的幼小衔接工作生动活泼，极具特色。

第四章

高质量示范时期
(2019 年至今)

一、概述

2018 年 11 月 7 日，中共中央、国务院印发了《中共中央 国务院关于学前教育深化改革规范发展的若干意见》，意见要求"结合本地实际，着力构建以普惠性资源为主体的办园体系，坚决扭转高收费民办园占比偏高的局面""大力发展公办园，充分发挥公办园保基本、兜底线、引领方向、平抑收费的主渠道作用""按照实现普惠目标的要求，公办园在园幼儿占比偏低的省份，逐步提高公办园在园幼儿占比，到 2020 年全国原则上达到 50%""普惠性幼儿园（公办园和普惠性民办园在园幼儿占比）达到 80%"，并明确要求"大型、特大型城市率先实现发展目标"。南山区政府积极履行主体责任，大力推进公办幼儿园建设，创新作为，加大财政投入，着力导方向、保基本、补短板，全面追求"5080"目标。南山区委、区政府成立了以区长为组长的公办幼儿园建设改革领导小组，把学前教育提上了重要议事日程。

2016 年 8 月，任命潘峻茹为机关幼儿园副园长，2021 年 8 月为招商领玺幼儿园园长，2023 年 7 月派驻至红树湾幼儿园任园长；2019 年 9 月任命黄天骥为阳光粤海幼儿园园长；2019 年 7 月，任命王静为机关幼儿园副园长，2021 年 3 月为阳光粤海幼儿园园长，2023 年 6 月为悦桂府幼儿园园长；2020 年机关幼儿园接管华侨城世界花园幼儿园，任命蒋平为园长；2024 年 1 月任命郑春丽为招商领玺幼儿园园长；2021 年 7 月任命廖斯雅为招商领玺幼儿园副园长，2022 年 6 月为前海时代第二幼儿园园长；2022 年 10 月任命金晶为红树湾幼儿园副园长，2023 年 1 月为绿海名都幼儿园园长；2024 年 1 月任命刘晓颖为机关幼儿园栖湾里分园副园长，刘佳锐为机关幼儿园天境分部副园长。

2019 年 1 月，刘红丽园长就任后，把党组织建设放在首要位置，强化党组织在幼儿园工作中的核心作用，坚持立德树人，保证幼儿园发展的正确方向。在幼儿园各项工作中，幼儿园充分发挥党员的示范带头作用。2020—2023 年疫情期间，幼儿园党支部带领全园教职员工克服困难，统筹布局，严格执行各项防疫工作要求，开展防控演练，积极配合防疫全局工作，联合社区、家长、卫生部门、警务等，为教师和幼儿建立全面周全的保护防线。机关幼儿园积极配合街道办与卫生部门做好全园核酸检测和新冠疫苗接种工作，特别设计与制作的"机幼宝贝疫苗盾牌"，传递着一份公共责任与自我保护。2020 年 6 月，南山区委书记王强，南山区副区长练聪，区政协副主席、区教育局局长刘根平一行莅临机关阳光粤海幼儿园，检查复学及疫情防控情况。

2021 年、2022 年两年时间，机关幼儿园分别改造功能用房，大中小班各增开 1 个班级，幼儿园班级达到 24 个，至此，结束了长达 15 年每年分流 1 个小班的困扰，形成小中大班级保持均衡、平稳递进的结构层次。

疫情期间，幼儿园制订了特别教学方案，分批分班次进行全园 24 个班级的课程解读，让家长深入了解，充分交流。幼儿园教师持续在云上陪伴幼儿，开设线上名师讲堂、班级沟通指导；刘红丽园长受邀在"南山名师天天在线"讲课，与家长、幼儿分享交流，公开课浏览量达 3.2 万。幼儿园积极探索线上线下家园共育形式，以融媒体、直播等新信息传播形式组织家长开放日、亲子运动会等家园活动，满足幼儿、家长需求。在"南山信息"内部政务网上刊发了区长批示的《机关幼儿园"三全一网"严把安全返园复学关》的工作经验。幼儿园坚持开展各项专业提升培训活动，设立分层级、阶段性"培训＋考核"制度，为实习教师、新教师与新班主任等量身定制职业发展策略。疫情之下，停课不停工，线上学习步步紧跟。2020年6月1日，"学习强国"平台以"【复学第一课】深圳：幼儿园教师以原创实景童话剧企盼童归"为题，报道了机关幼儿园的工作经验。

机关幼儿园作为南山区食堂管理问题专项整治工作专班行动试点幼儿园，全面落实食品安全各项要求，从膳食营养、食育活动和公开模式等方面，探索优质模式，有效保障师幼饮食安全与健康。幼儿园作为深圳市创建食品安全城市南山督导点，接受了国家市场监督管理总局审查中心张兰兰司长率领的督导组的检查，受到督导组的高度赞扬和好评。《中国质量报》特别点名赞扬机关幼儿园食品安全工作。

2020年1月，深圳市人民政府教育督导委员会对南山区公办园建设情况进行了中期督查，2020年12月进行了终期实地核查验收。市督导组认为"南山区'5080'工程基本完成，达到目标"。随之，南山区以提高质量和优化结构为核心，创新开创"集团化办学＋学区化治理"模式。

2021年11月，南山区教育局推出了《南山区学前教育集团化办学实施方案》，以"创新共进、优质共享、多元共生"为旨向，先后成立以11个公办幼儿园为核心园的公办幼教集团。南山区机关幼教集团应运而生。机关幼儿园作为机关幼教集团总园，南山区教育局任命刘红丽为南山区机关幼教集团责任人，与总园副园长、成员园园长、行政代表、教职工代表共同成立集团理事会。由单体幼儿园到集团幼儿园的核心园是机关幼儿园发展的一个重要转折点，机关幼儿园进入集团化发展的新时期。

2022年5月，南山区教育局推出了《南山区学前教育学区化治理实施方案》，依据该方案，南山区将学前教育单位划分为18个幼教学区，实施"党建引领、行政统筹、教研指导、培训助力、督导推动、评价激励"的"六位一体"的学区化治理模式，为学前教育全面提升治理效能提供了精准切入口。机关幼儿园是第三学区的牵头园，学区共有 14 所幼儿园。2024 年 4 月被调整为第二学区。

2024 年 11 月，"全国学前教育普及普惠区"督导评估组来到南山，机关幼儿园代表南山区接受教育部督导组的检查，受到高度好评，为南山区评为"全国学前教育普及普惠区"做出了贡献。

机关幼儿园在高质量办园的基础上，充分发挥公办幼儿园的辐射作用，坚持高质量引领。幼儿园经过多年的课程实践，不断摸索与沉淀，坚定了"儿童立场、生活视角"的课程思想，形成了以幼儿好奇心为基点、儿童生活为基础、探究为核心、活动为载体的园本课程——幼儿园探究性活动课程，这是机关幼儿园教师团队 20 多年执着坚守、集体智慧的结晶。《幼儿园科学探究活动课程——基于十九年的建构与实施》获 2019 年广东省教学成果奖（基础教育）一等奖，《主动探究性学习》获 2019 年广东省特色课程方案一等奖。2020 年申报通过市评审成为市应用推广项目，2021 年申报通过省优秀成果评审成为省应用推广项目。2021 年 8 月，刘红丽编著的《幼儿园探究性学习环境创设》由郑州大学出版社出版。2023 年，《点亮好奇心：幼儿园探究性活动课程体系的建构与实践》荣获 2022 年国家基础教学成果奖二等奖，实现了南山区学前教育获得国家教学成果奖零的突破。

机关幼儿园高度重视环境建设。环境是幼儿园课程依托的中心，是幼儿教育的重要资源，环境的状态会影响幼儿的学习状态。因此，幼儿园把"幼儿探究性学习"的课题研究与环境建设密切结合起来，通过对幼儿园室内室外环境的改善与提升，创设开发性的、多样性的区域活动空间。2022 年，南山区政府启动中小学幼儿园"百校焕新"校园改造行动，机关幼儿园被列为首批改造提升单位之一。园领导抓住这一良机，将幼儿园探究性学习环境建设的基本理念融入园所改造之中，经过两年时间，完成了幼儿园环境建设的提升，使幼儿园室内室外环境焕然一新。

2020 年以来，深圳市学前教育飞速发展，机关幼儿园的示范作用越来越大。机关幼儿园获评全市中小幼教师专业发展基地学校（幼儿园）、第四批广东省基础教育教研基地项目（全省学前唯一）、深圳市第三批教育科研基地学校（全市区属园唯一）。机关幼教集团成为广东省示范性教师教育实践基地、深圳大学教育硕士研习基地、深圳市职业技术大学"双师基地"。机关幼教集团作为研训基地，与深圳大学、深职大、岭南师范学院在实习实训、项目研究、家园共育和教师专业发展等多领域开展深度合作，智慧共享，互利共赢。2020 年 6 月 4 日，在《我们的"复学之路"云论坛：北京海淀—杭州滨江—深圳南山三地教育对话》中，刘红丽园长代表深圳南山作题为《特殊的时光，不一样的陪伴》的报告。2020 年 8 月 26 日，南山区教育系统 2020 年暑期校（园）长学习会暨校长领导力提升第三期培训中，全区园长齐聚机关幼儿园，刘红丽园长担任学前分论坛主持人，并作《超越 PISA，再谈区域学前教育优质均衡发展》发言。2021 年，由杭州滨江区、深圳南山区和重庆江北区发起面向全国教育改革的"未来教育之春"三地空中论坛成功召开，三地教育局局长、知名教育专家、校园长和家长一起探寻未来教育的机遇与挑战。机关幼儿园作为深圳南山分会场，为论坛嘉宾提供了机关幼儿园教学现场与《聚焦探究　对话未来——幼儿园探究性活动课程的实践样例》的主题报告。2021 年 10 月 29 日，机关幼儿园承办了深圳市"幼有善育"鹏城论坛第二期论坛活动，以"看见儿童"为主题，在线学习超 76 万人。2023 年 11 月，机关幼教集团获深圳教育改革创新大奖"优质基础教育集团年度奖"。连续两次承办南山区教育局校园长领导力学前分论坛。2023 年，刘红丽园长在"戏剧幻城里的项目化学习"创新教育论坛上，作题为《用美做教育——项目化学习在幼儿园阶段的实践探索》的发言。在中国学前教育研究会学前儿童健康教育专业委员会主办的全国第十一届学前儿童健康教育学术年会上，刘红丽园长受邀作题为《幼儿园视力保护与健康教育的实践探索》的大会发言。

在《幼儿园科学探究活动课程》的研究过程中，幼儿园注重保教人员的专业发展，努力培养一支优秀的保教队伍。2019年，刘晓颖老师获深圳市第二届幼儿园青年教师教学能力大赛一等奖；2019年荣获"舞动南山"第二届健身操舞展演大赛幼儿园组自选动作特等奖及最佳完成奖。2019年，机关幼儿园成为全国校园足球特色幼儿园（试点校）。2020年，胡琴获"杰扬教育"第二届深圳故事老师大赛亚军。2021年，机关幼儿园成立了园名师工作室。2021年，刘红丽评为深圳市教育科研专家。2022年机关幼儿园在"第八届深圳教育改革创新大奖"评选中荣获"美育特色学校（园）年度奖"。2022年，吴爽爽获南山区学前教育班主任风采大赛特等奖。2022年，机关幼儿园健美操队代表南山教育系统参加南山区第十届"春舞南山"巾帼风采健身操云展演大赛获最具魅力奖。2023年，刘红丽评为深圳市十佳校长。陈颖医生代表机关幼教集团荣获南山区2023年校园食安知识竞赛暨厨艺擂台赛二等奖。2023年机关幼儿园获评全国围棋特色幼儿园。2023年，胡逸艺老师获深圳市中小幼青年教师教学能力大赛一等奖。谭佳莉老师获南山区第二届学前教育班主任风采大赛一等奖。2023年，刘晓颖、张峰成立南山区名教师工作室。2024年，谭佳莉荣获深圳市中小幼青年教师教学基本功比赛二等奖。机关幼儿园团队蝉联第十四届、第十五届"沙沙讲故事"的"儿童故事大王"称号。

2021年，机关幼儿园参加广东省学前教育高质量发展试验区幼小衔接项目。机关幼儿园携手前海小学、深圳大学附属教育集团外国语小学构建了常态化幼小衔接联合教研机制，围绕课程建设、保教质量提升、家园共育等内容，通过"梳理问题，研讨交流，优化衔接"三步走的方式，探索园校共建模式，开展幼小衔接研究，努力实现幼小双向驱动。同时，根据区教育局的部署，开展学前融合教育科学试点，在学前融合教育中先行先试。幼儿园自主游戏案例《班里"长"出大树屋》入选广东省教育厅优秀案例，并录入《广东省幼儿园游戏活动优秀案例选编》出版；幼小衔接案例《幼小劳动衔接，育德点滴之间》入选广东省教育厅优秀案例。

机关幼儿园教职工转变育人理念，建立"园—家—社"教育共同体，形成了全社会育人的新格局。让幼儿在幼儿园健康快乐成长是学前教育的重要目标。机关幼儿园把幼儿健康放在首要位置，以日常"早操—大循环—户外活动"为基础，结合运动会和体质测评项目，保障幼儿的身体素质与体能发展需求。作为南山区近视防控试点幼儿园，机关幼儿园积极开展近视防控活动，做好幼儿专项视力筛查，并结合幼儿特点与日常教育教学，拓展近视防控措施策略。机关幼儿园开展深圳市教育学会"十四五"规划立项课题"幼儿粗大动作能力与认知能力关系的研究"，其成果在 2023 年世界体育教育联盟（WPEA）大会上得以交流与海报展示。从新生入学开始，幼儿园从报名情况登记表到个案追踪，从家访到入园适应，均关注特需幼儿在园需求。在园期间，教师、家长、专业机构、社群形成融合合力。多家媒体平台刊载了机关幼儿园的《"心"方法助力孩子快乐入园》。

每逢双周的周二，幼儿园在梦幻城堡幼儿园，举行精品家园系列讲座"绘本里的养育故事"。"绘本里的养育故事"系列讲座已成功举办 20 多场次，来自学区、集团各园、各班级的家长代表，每场百余人齐聚一堂，家园携手共探成长。

机关幼儿园成立了幼儿"呦呦鹿鸣"合唱团和幼儿艺术体操队。"呦呦鹿鸣"合唱团的孩子参与深圳市"老少同声颂党恩、携手喜迎二十大"主题教育实践活动，用稚嫩的童声，饱满的激情和默契的合作，把对党和祖国的热爱表达得淋漓尽致。

机关幼儿园每年组织一次科技节，科技节里的科学家课堂是新增的项目，已连续举行 4 年。科技节科学家课堂上，全国人大代表、新生代青年科技专家、深圳光启高等理工研究院院长刘若鹏带领孩子们探秘宇宙家园，在聆听与游戏中培养孩子们对科学探索的兴趣。机关幼儿园开展了丰富多彩的亲子活动，如"冬日趣跑南山行"机幼小半马、迎新亲子运动会、"创享科技　创想未来"亲子科技活动、"时刻准备着向未来进发"毕业典礼、社区垃圾分类项目等，还参与了南头街道"南山社区花园"共建项目——"风的芽"。

机关幼儿园积极响应南山区委、区政府全面建设全球一流现代化创新城区的号召，积极开展对外人文交流活动，重视向外教育出海的国际传播力。2024年，机关幼儿园多次开展中外学前教育学术研讨交流，对话世界权威学前教育专家，先后接待了波兰大使馆总领事一行、美国著名建构主义教育家德弗里斯的博士生 Shelly Counsell（谢莉）、瑞吉欧学校教师 Anne Lowry（安妮）、牛津大学 lram Siraj（伊拉姆）教授等。

机关幼儿园与香港艾蒙特国际幼稚园缔结姊妹园。在深港幼教交流研讨会上，刘红丽园长受邀做主题学术报告。

2019 年以来，机关幼儿园高质量发展，成为一家在全市有影响力的示范性幼儿园。2024 年 6 月，机关幼儿园作为全省学前唯一的第四批广东省基础教育教研基地，面向省市专家、全省相关基地校同步开展线上线下项目实施方案的论证直播。2024 年 12 月，机关幼儿园作为全市自主游戏观摩现场向全市幼教同行展示，得到深圳市教育局副局长赵立、学前教育处副处长王素娟的高度评价。

2025 年 3 月，根据广东省教育厅开展首批高质量幼儿园共同体培育工作的通知精神，广东省首批高质量幼儿园共同体项目立项名单公布，南山区机关幼儿园成功入选，刘红丽是项目负责人，机关幼儿园是带动园，参与园有 12 所。

二、主要工作

（一）加强党的建设，发挥党支部的领导核心作用

机关幼儿园党支部以习近平新时代中国特色社会主义思想和党的二十大精神为核心，以服务中心、建设队伍两大核心任务为行动目标，全面提升党员队伍的战斗力，坚持立德树人，以德为先。机关幼儿园以高质量党建引领党员教师高质量履职，发挥集团核心园的带头作用，彰显了新时代学前教育的新风

貌、新作为。

2020年，机关幼儿园党支部严格按照中共深圳市南山区委组织部统一部署要求，圆满完成党支部换届改选。新一届党支部继续发挥党组织凝心聚力、先锋示范作用，带领机关幼儿园全体党员和教职员工团队以赤诚之心肩负立德铸魂使命。机关幼儿园党支部以层次多样、内容丰富的组织形式开展党支部特色主题活动，以党员先锋示范，践行"机幼精神"。机关幼儿园党支部书记刘红丽是南山区基层党支部先进典型人物，她带头在"立足岗位上党课"活动中讲党课。在南方日报社2023年"以人民为中心——党建引领基层治理"精彩案例评比中，机关幼教集团总园党建案例荣获"教育高质量发展优秀案例"。2021年，机关幼儿园党支部荣获南山区委教育工委"先进基层党组织"称号。2024年7月，机关幼儿园党支部被南山区委授予"先进基层党组织"。2024年8月，机关幼儿园党支部被评为南山区"四星级党支部"。

2022年，机关幼儿园集团党委成立后，集团各分园相继成立（独立）党支部。在集团党委的领导下，作为集团核心园的机关幼儿园党支部充分发挥自身的优势，发挥在集团的示范引领作用。机关幼儿园通过加强党建，认真落实《幼儿园工作规程》《幼儿园教育指导纲要》《南山区中小幼德育一体化行动计划》，通过落实完善《南山区幼儿园教师师德师风考核工作方案》加强教师队伍的建设。

机关幼儿园党支部以党建带团建，调动全园教职员工的工作积极性。党支部用党的奋斗历程和伟大成就指引方向、鼓舞斗志，用党的光荣传统和优良作风坚定信念、凝聚力量，既保持理论学习有高度，又确保接地气，又在实际工作中将党的二十大精神走深走实，入脑入心。党支部以拼搏的精神和"家"的核心文化，不断增强团队的凝聚力和向心力，展示了机关幼儿园教职员工有理想、有担当的时代精神，青年教师以饱满的精神投入幼儿园的教育工作，在各类党团活动中荣获优异成绩。在南山区"赓续百年初心，担当育人使命"征文及微视频征集活动中，机关幼儿园微视频《赓续百年初心，勇当善育尖兵》

获一等奖。曾丽樾老师的《满腔赤诚献朝阳》征文获一等奖，唐千惠老师的征文《平凡中的坚守》获二等奖，汪妍老师的征文《不忘初心，方得始终》获三等奖。青年教师还参加了南山区第三届青年教师演讲比赛等，党组织引领下的共青团支部充满时代活力，迸发奋斗热情。2024年，机关幼儿园以高质量党建引领新时代代育人使命，全面贯彻落实办园治园、育人育才各环节全流程，机关幼儿园相继获评南山区"四星级党支部"、南山区"先进基层党组织"。

（二）集团化办学和学区化治理一体化，助推区域教育生态优化提升

2019年，机关幼儿园开办阳光粤海幼儿园，接管华侨城世界花园幼儿园。

2021年11月，《南山区学前教育集团化办学实施方案》出台，11月25日，南山区机关幼教集团成立，刘红丽任集团责任人，机关幼教集团形成"六园七址"规模。机关幼儿园是核心园，集团成员有阳光粤海幼儿园、绿海名都幼儿园、悦桂府幼儿园、前海时代第二幼儿园、招商领玺幼儿园和机关幼儿园天境分部，集团获上级部门每园30万元的工作经费支持。同时，沙河幼教集团成立，2023年，机关幼儿园副园长潘峻茹任沙河幼教集团园长兼红树湾幼儿园园长，红树湾幼儿园（机关幼儿园是主办单位）是核心园，集团成员有沙河侨城豪苑幼儿园、华侨城世界花园幼儿园、锦绣花园幼儿园、瑞河耶纳幼儿园、世纪村幼儿园和海滨红树西岸幼儿园。根据南山区实施的学前教育区域共建伙伴成长计划，机关幼儿园作为机关幼教集团总园，带动新的沙河幼教集团伙伴成长，逐步形成双集团双学区14所园13个基层党支部的规模。2024年，机关幼教集团成功孵化前海天境分部、栖湾里分园新成员，同时参与了云海湾、一湾臻邸、湾启紫荆府、山樾湾的新园设计，机关幼教集团示范辐射已遍及前海自贸区妈湾、桂湾、前湾。机幼集团深入民心，成为前海自贸区翘首企盼的首选幼儿园金字招牌。

机关幼教集团成立后，集团党委于2022年3月制定了集团发展规划和各项集团管理制度，搭建了集团管理机构，成立了集团理事会和监事会。集团内设党务行政部、保育教育部、教师发展部、后勤财务部等 4 个部门，聘任谢姝为党务行政部部长、汤丽霞为保育教育部部长、刘晓颖为教师发展部部长、侯为君为后勤财务部部长。

2022 年 5 月，《南山区学前教育学区化治理实施方案》出台，将南山划分为 18 个幼教学区，每个学区以优质公办园为核心园，统筹资源，通过幼儿园自治和学区化共享，在推动智慧管理监测的基础上，实现自主管理、规范发展、共同提升。南山区教育局学前教育"集团化办学＋学区化治理"的布局基本完成。机关幼儿园作为第二学区中心园，携手学区内 15 所幼儿园共建共治共享（机关幼儿园是中心园）。机关幼教集团响应区教育局提出的共建伙伴成长计划，携手潘峻茹总园长带领下的沙河幼教集团"双学区双集团"共生共长，互依共存，从入职教师培养，到请进来、走出去的培训，携手并进，助力同行，将优质教育向华侨城超级总部片区辐射。机关幼教集团不断探索从集团化办园道路走向区域教育生态优化的路径，正逐步形成引领南头中心区，辐射前海自贸区，影响未来 OCT 华侨城超级总部区的集团效应。

机关幼教集团积极参加南山区创建国家学前教育普及普惠区建设工作，对照创建要求，全面推进集团与学区园办学各项工作；积极发挥学区中心园与集团总园统筹效能，以工作联抓、组织联建、活动联办的"三联"模式，开展南山区学前教育"双普"迎评的督导共建。在接受教育部国检中，机关幼儿园代表南山，迎接了教育部教育督导局郭佳副局长一行莅临视察参观，作为抽检单位受检，郭佳副局长等领导高度认可机关幼儿园的高品质办学，称赞机关幼儿园高质量的教学水平，充分展示了南山区学前教育的风采。

为进一步保障教育教学、共建共育工作高效有序开展，机关幼教集团按照党支部、园所、部门、学区划分实现联通管理、多元分布，加强了各层级框架纵向、横向的交流互通，持续探索深化联合两会—四部—六园—双学区的集团过程化管理模式，培养集团化工作思维，针对不同的园所特质，支持集团各园间互通有无、自主创新，推动集团优质、有特色发展。机关幼儿园作为集团的核心园和第二学区的中心园，积极承担起了名园、优园的责任与担当。

机关幼教集团在第九届"深圳教育改革创新大奖"评选中，荣获"优质基础教育集团年度奖"。作为南山区学前幼教集团代表，机关幼教集团迎来了来自全国各省区市的教育同仁来园交流访问，全面展示了南山区学前教育集团化发展的成绩。2024年5月21日，南山区委常委、副区长夏雷专程来园调研机关幼教集团建设情况。

（三）园本课程的示范性引领，使办学提质持续走深走实

机关幼儿园历任领导一直坚守"科技与艺术教育同行，科技与人文精神并重"的课程理念，通过探索与实施蕴含"全人教育"的园本课程，促进幼儿身心全面和谐发展。在本阶段，机关幼儿园的园本课程建设以《点亮好奇心：幼儿园探究性活动课程体系的建构与实践》荣获2022年国家基础教学成果奖二等奖为标志，进入推广与示范阶段。幼儿园基于康德理性主义道德哲学、杜威进步主义教育哲学、皮亚杰建构主义发展观及维果茨基社会文化理论和陈鹤琴先生活教育理论，在浙江师范大学杭州幼儿师范学院王春燕教授、秦元东教授，北京师范大学李敏谊副教授，洛阳师范学院学前教育学院杜燕红教授，南山区教科中心幼教教研员吴慧鸣副教授和深圳市教科院幼教教研员刘华老师等的指导下，提炼了园本探究性活动性课程的几个基本理论。

1."主动建构·聚焦探究"的学习观

在探究性活动课程框架下，幼儿的学习包括"主动建构探索发现""持续意义建构""社会交互作用"三大方面。据此，幼儿园注重对幼儿好奇心的保护，激发幼儿学习兴趣、内在学习驱动力，启发幼儿自己去发现规律、解决问题，在此过程中自我纠正、自我丰富，逐步形成完整的知识。"持续意义建构"要求教师注重幼儿直接经验的获得及经验的操作与运用，要从幼儿的生活亲历事件出发，以解决问题为目标，同伴合作，深度学习，意义建构。在幼儿学习问题上不能对幼儿孤立地进行研究，必须综合考量个体所处的家庭环境、社会文化和自然环境。在幼儿阶段，更要强调非结构化知识与学习的重要性，注重教师在幼儿学习中的支架作用，注重传统文化的渗透与滋养。

2. "儿童立场·生活视角"的课程观

机关幼儿园探究性活动课程建构一直立足儿童的立场，探究性课程并不限于幼儿在幼儿园发生的学习活动，还包括家庭中的亲子互动、社会实践等多样化活动，幼儿园的课程体系将幼儿生活与课程、教学进行了全面整合，课程的内容大多来源于幼儿的生活。课程实施强调师幼在预设课程之外开展的生成型项目、班本化课程。同时提倡微课，即教师利用互联网平台、多媒体手段打破时间和空间的双重限制，将幼儿需要的碎片化的教学内容整合为主题式的教学资源。微课在疫情期间发挥了重要作用，助力幼儿基于个性化差异开展自主学习。

3. "兼容并蓄·生态智慧"的环境观

在创设幼儿园探究性学习环境时，明确提出了自然、艺术、科学三个组成要素，即亲自然，赋予生命张力；融艺术，滋养成长活力；重科学，唤醒智慧潜力。机关幼儿园教育团队认为，幼儿园探究性学习环境创设要树立质朴睿智的自然观，强调环境对幼儿学习、生活的支持与影响，让幼儿意识到人与环境的相互作用；要建立交互作用的社交圈，将幼儿作为主体置身于一个完整的生态系统模型中，注重社会环境中各种系统纽带关系；要注意支持探究的场域性，安全、信任、舒适的精神环境是幼儿能够开展自主探究学习的前提，而适切、多样、开放、动态、连续的物质环境则是支持幼儿充分深入持续探究的保障。这两者共同构成了幼儿园开展探究性学习的场域。

机关幼儿园探索出来的幼儿园探究性活动课程体系建构的理论与实践在机关幼教集团和第二学区的课程建设中发挥了重要指导作用。机关幼儿园的代表应邀多次出席区、市、省和全国学前教育会议，并在会议上分享课程建设的经验。

（四）基于幼儿探究性学习课程理念的幼儿园环境建设，引领学前发展新风向

机关幼儿园课程建设的理念，特别强调基于园本探究性活动课程创设幼儿园探究性学习环境的重要性，提倡环境建设与课程建设相结合。基于园本探究性活动课程不断促进、深化幼儿园的环境建设，把环境视为隐性课程，是幼儿学习的重要资源。经过几年的努力，机关幼儿园构建了一种以幼儿学习为中心的破边界环境，即时间、人群破界，室内、室外破界和空间、材料破界，形成了机关幼儿园独特的环境建设布局。

机关幼儿园在进行环境建设时，恰逢 2022 年南山区政府启动"百校焕新"项目，机关幼儿园是首批 37 所老旧校园改造提升单位之一。2022 年 10 月 23 日，南山区委副书记、区长黄湘岳来园开展南山区"百校焕新"工作专题调研，区教育局、住建局、建筑工务署及深圳市规自局南山局等相关单位负责人陪同调研，关心指导机关幼儿园"百校焕新"项目。

幼儿园和相关改建施工单位密切配合，将幼儿园环境建设的理念和施工单位进行交流，使"百校焕新"工程成为幼儿园环境建设重要的一部分。借助"百校焕新"的环境提升工程，幼儿园完善与提升了幼儿园基于幼儿探究性学习课程理念的环境建设。2022 年，机关幼儿园开始第一期环境改造提升工程，2023 年，开始第二期环境改造提升工程，从外墙、户外到地面、室内及相关设施设备，共计 18 个项目全部完成，让在前海花园办园 20 多年的老公办园绽放新颜。

机关幼儿园形成全新环境格局，育人环境再上新台阶。机关幼儿园坚决贯彻"儿童友好"理念，针对园舍老化问题，进行水、电基础工程的全面改造；为保障孩子们的安全，加固加高楼梯栏杆；室外投掷区全面翻新；打通了北楼通道，突破空间阻隔，直通小树林，为孩子们营造"别有洞天"的惊喜感与游戏空间；卫生间全面更新，进行厕所革命——男女厕分开，为孩子们营造一

个具有性别概念的卫生舒适的空间；为了保护孩子们的视力，有效呵护学龄前幼儿用眼卫生，依据学校卫生学室内照度与四季采光要求，选用超低眩光、频闪低且色温柔和的 LED 教室护眼灯；拓展园所围栏空间，让幼儿园更好地融入社区。机关幼儿园环境改造提升工作经验成为南山区"百校焕新"典型案例，登上《中国教育报》头版。

机关幼儿园在环境建设中一个突出的亮点是采用预制模块化装配体系制作的多功能社区友好型围墙，这在全国还是首例。幼儿园根据教师、幼儿和社区居民的实际需要，开发出了休息座椅、教学、储物、宣传、晾晒衣物等具备各种功能的双面使用模块，按需组合，其色彩和功能均体现"共融互通"理念。

幼儿园作为社区的一部分，依赖于友好、优质的社区环境与人文氛围进行教育活动。这些设计延续了幼儿园与社区居民在过去 20 多年时间里建立的良好邻里关系，提升了教育格局站位，更有利于园社共融，提升群众接纳度与幸福感。

（五）数字化赋能幼儿园管理与幼儿科学探究活动，为培育面向未来的人才奠基

随着人工智能时代的到来，教育正在发生深刻的变化。教育部提出了教育数字化的工作要求。刘红丽园长带领全园保教人员，直面新形势，认真思考以教育数字化提升幼儿园高质量发展。机关幼儿园集团成为南山区第一个实现城域网全覆盖的幼教集团，集团的数字化管理平台共接入 14 所幼儿园近 500 名教师，初步实现了智慧园所的建设。集团结合数字化教育工作的开展，编制《信息化行动手册》，让集团的教师有章可循，并逐步把机关幼儿园建成区域内教育数字化培训基地，助力南山教育数字化转型。

机关幼儿园秉持"联结为先、内容为本、合作为要"的理念，以及"应用为王、服务至上"的原则，引入"工具＋教育""平台＋教育""信道＋教育"的模式，构建时间与空间交织、动态建构、可持续发展的一体化数字生态系统。在"教学用、生活用、普遍用"的基础上，实现提质增效、开放共享，

形成"互享互通，人—人共用，班—园共用，家—园共用，园—园共用"的局面。

1. 数字管理平台赋能教师成长，实现专业发展

机关幼儿园积极推进数字化管理平台的建设和使用，该平台的功能包括教学资源的开放与共享，学生信息的个性化获取和使用。在日常教学中，教师依托平台，熟练使用"教学助手"软件进行备课，并合理使用"移动讲台"等软件进行多媒体教学。与此同时，教师使用平台将幼儿日常的学习数据记录，汇集成大数据进行存储。平台所记录的数据，可为幼儿教师提供可视化的信息服务，以清晰、直观的图表形式显示统计结果，对教师教情、幼儿学情及时精准地进行反馈。教师可以对幼儿学情进行全面客观地诊断分析，以支持不同个体的差异化学习。

机关幼儿园的数字化管理平台已与南山区教育局局域网连通，所有分园均已连入该数字化管理平台，每个园所都可以通过使用该平台，建设园本特色数字教育资源库。同时，集团内部网络的联通，实现了优质资源平台、管理平台的互通、连接与开放。

2. 数字工具支持幼儿发展，实现科学启蒙

机关幼儿园根据园本探究性活动课程特色，将数字技术引入幼儿教育，通过"工具＋教育"的模式，将自动气象站、电子指南系统、无人机、点读笔、录音笔、增强现实眼镜（AR眼镜）、虚拟现实眼镜（VR眼镜）、佩戴式微型摄像机、脑科学仪器等引入幼儿日常游戏、学习和生活，为幼儿的科学探究提供丰富的物质基础。幼儿既可以探究这些数字工具，也可以使用这些数字工具辅助完成他们的探究活动。通过"工具＋教育"的模式，让数字工具成为师幼教与学的底层支撑，使数字技术成为帮助教师和幼儿解决学习问题的支架。

3. 数字信道拓宽学习空间，"园—家—社"携手共进

机关幼儿园构建的数字生态系统模型的最外层，是数字信道的架构和应

用。在这一层，我们主要想通过数字信道的使用，拓宽家庭、幼儿园、社会多元主体之间的信息交流、相互学习和互动。

机关幼儿园充分发挥微信公众平台的作用，截至 2025 年 3 月，平台发布原创作品 1219 篇，关注人数累计达 38779 人，2019 年单年累计阅读次逾207675 人次，更有多篇高质量报道被各界主流媒体转载刊发。机关幼儿园通过公众号平台分享"科学家课堂"和"艺术家精品课"，上线"幼小衔接云参观""科技节亲子作品云浏览""居家云课堂"等在线资源，通过数字信道联通时空。透过一块块屏幕，幼儿、家长、社会其他群体等足不出户就能浏览和学习幼儿园的优质教育资源。面对小班新生的入园焦虑，公众号平台上线虚拟现实全景探园功能，让幼儿在入园前熟悉、了解、喜爱幼儿园，化解幼儿入园前的陌生感、恐惧感，同时也增进家长对园所的了解，实现"园—家—社"协同育人。

2022 年，机关幼儿园在南山区中小学幼儿园教师信息技术应用能力提升工程 2.0 工作培训会上介绍了经验。2024 年 6 月，中国教育科学研究院数字教育研究所、全国教育科学规划领导小组编写的《中国数字教育创新实践案例集》（教育科学出版社）收入了机关幼儿园《数字生态系统赋能幼儿科学探究活动》一文，作为从全国范围内遴选出的代表性案例之一，向全国推广了机关幼儿园教育数字化转型的经验。

第二部分

深圳市南山区机关幼儿园
老园长、老教师访谈录

忠诚于党 奉献教育
——朱济云园长访谈录

朱济云园长简介

朱济云，女，1947 年 9 月出生于山东青岛，中共党员，1987—1989 年任职于深圳市南头区机关幼儿园，任副园长、园长；1990—1999 年任职于南山区机关幼儿园，任园长、党支部书记。连续多年荣获广东省南粤优秀幼儿教师、好园丁、先进个人、先进教育工作者、优秀教师、优秀党员、优秀校长等荣誉称号。1994 年带领园所获评深圳市一类一级幼儿园，1995 年园所获评广东省首批一级一类幼儿园。

一

1947 年，我出生于山东青岛一个工人家庭。青少年时期，我就立志积极向中国共产党靠拢，并在青岛十六中就读高中期间加入中国共产党。

高中毕业后，响应国家"知识青年上山下乡"的号召，我积极投身农村建设，服从党的安排，成为一名民办教师。到了成家立业的年纪，我坚定地选择了一名军人做伴侣。因国家改革开放的需要，工程兵成为建设深圳的第一批排头兵。我丈夫成为建设深圳的工程兵中的一员，我也随军来到深圳市福田区竹子林。在漫山遍野的竹林间，工程兵搭起了一排铁棚作为宿舍，也搭建了两间铁皮房作为幼儿园，安排工程兵子女就读，我成为竹子林幼儿园的教师。后来有了竹子林小学，我又被调至竹子林小学任教。再后来，我的孩子在南头小学读书，为方便照顾孩子，我也到了南头小学任教。

我性格活泼开朗，组织能力比较强，1987年2月，经南头区妇联审批通过，我担任南头区机关幼儿园副园长。由于当时没有任命园长，我实际上履行了园长的职务，1988年续聘一年。1989年3月，南头区教育局根据《广东省中小学校长负责制工作的暂行规定（试行）》精神，经充分研究，任命我为南头区机关幼儿园园长，一直到1997年退休，后又被返聘两年，直到1999年，我正式卸任南山区机关幼儿园园长。

一颗红心，忠诚于党，热爱教育，从未褪色。

二

机关幼儿园建设之初，选址在南头较场路1号，当时一片荒芜，杂草成堆，人烟稀少。当地人有的说白话（粤语），有的说客家话，也有的说潮汕话，绝大多数都听不懂普通话。幼儿园的园舍建在一块相对平坦的地方，盖了三层楼房，园舍很整齐干净，但缺乏孩子们喜欢的勃勃生机，于是，我就带着老师们对幼儿园进行美化。

幼儿园建成后，招收的孩子也增多了，需要一批新的老师。招聘老师的时候，我会一个一个精挑细选，既考察她们唱歌、跳舞、画画、弹琴、讲课的业务能力，也尽量挑选形象好、气质佳、相貌端的老师，走出去能代表我们南山幼教人的良好形象和风貌。

南山区机关幼儿园是南山学前教育发展的摇篮，这里培养出了一任又一任优秀园长，一个又一个高水平教师。

随着南山学前教育的发展，幼儿园越来越多，这些优秀的老师也分散在各个园所担任园长，她们就像一颗颗珍珠，镶嵌在各个幼儿园，而她们串在一起的时候，就像一串纯净美丽、熠熠生辉的珍珠项链，串联起整个南山区学前教育的发展。

令我印象特别深刻的是幼儿园的改扩建工作，在三层楼的基础上加建了一层，班级多了，幼儿多了，我们请木工做了很多幼儿园孩子睡午觉的小床。木头小床做好了以后，我亲自带着老师们刷油漆，再把它们搬到楼上去。

为了让幼儿园更漂亮，每隔两三年，幼儿园会进行全面油漆和粉刷。这些油漆和粉刷工作大部分是我带着老师们去做的。南山区机关幼儿园从我接手开始，就特别注重美育。从大环境的美化，到各个教室、各个区角的美化，都是我们亲自动手，让每一个走进南山区机关幼儿园的人都觉得这是漂亮、温馨的园所。

三

杨炼红给我的印象很深，记得她来面试的时候，一眼望过去，她个子高高的，五官端正，气质典雅，在面试当中表现得非常出色，我一眼就看中了她。在后来的工作中，我也着力给她机会，培养她。杨炼红不负重任，成为南山区机关幼儿园第三任园长。

我记忆深刻的还有刘红丽，她进幼儿园不久，我就发现她身上有着独特的好品质。她做事非常有格局、有远见，我没有想到的，她会想到，我没有做到的，她想尽一切办法帮我去做到。刘红丽心特别好，能力也特别强，谦虚谨慎，朴素踏实，她后来成为南山区机关幼儿园第四任园长，并成为这庞大的幼教集团的带路人。

四

我们南山区机关幼儿园有许多宝贵财富，能吃苦的老师就是其中之一。我担任园长时，经常要为幼儿园购置各种物品，小到各种消耗品、教玩具，大到柜子、桌子等，我们都会自己开着车到各个地方采购。有时候早上出去，晚上才能回来，一路奔波都顾不上吃午饭，大家陪我饿着肚子。回到幼儿园天都黑了，大家才匆匆吃几口。吃完以后，又要把买回来的那些桌子、柜子、教玩具从车上搬运到各个办公室、各个教室，以便第二天能正常开展各种教育教学活动。

我们南山区机关幼儿园还有一个特质，就是敢为人先、敢于创新。我退休这么多年了，但是我一直都在关注和关心着南山区机关幼儿园的发展。在历任园长的带领下，幼儿园的科技教育、美术教育年年创新，获奖无数，让我这个前辈赞叹不已。每年我回到幼儿园，都会看到很多新的变化。这是我在任期间想都不敢想、想都想不到的。在教育局的高度重视下，机关幼儿园培养出了很多科研型教师、专家型园长，培养出了一批又一批学前教育领域的名师，他们成立了很多名师工作室、名园长工作室。在这里，每一年都能看到机关幼儿园的新变化。

做幼教人　一生之幸
——杨炼红园长访谈录

杨炼红园长简介

　　杨炼红，女，出生于 1968 年 12 月，本科学历，幼儿园高级（副高）职称，中共党员。1986 年 8 月—1999 年 7 月任南山区机关幼儿园教师、园长助理；1999 年 8 月—2008 年 7 月任南山区机关幼儿园副园长、副书记；2008 年 8 月—2018 年 12 月任南山区机关幼儿园园长、书记；2019 年 1 月从南山区机关幼儿园退休。

　　任职期间，幼儿园获得了广东省首批园长培训基地、广东省教育科研"十二五"规划课题《科教环境下幼儿探究性学习研究》课题研究实验园、深圳市首批优质特色示范园创建单位、深圳市首批家园共育公益项目指导站、深圳市卫生保健优秀幼儿园等多项令人骄傲的斐然成绩，为龙岗龙华等其他区域幼儿园发展输出得力的教学业务管理者，从而传为业内佳话。

　　个人专业履职情况：广东省一级幼儿园评估专家，深圳市教育学会学前教育专业委员会第一届理事，深圳市"苗圃工程"名园长，深圳大学校外研究生导师。个人曾获荣誉：第一届广东教育学会优秀幼儿园园长，在深圳市首届"鹏程幼教蒲公英奖"评选中获得"十佳园长"光荣称号，南山区"三八"红旗手，深圳市南山区人民政府督学，深圳市 2006—2010 年度优秀工会工作者，南山区教育系统安全管理先进个人，2009 年度教育系统人口和计划生育工作先进个人，南山区社区教育先进个人，2010 年度教育系统人口和计划生育综合治理工作先进个人，2012 年度社区教育工作先进个人。

一

　　1986 年 7 月中旬，刚刚毕业走出校门的我正在迷茫中选择从业方向，恰好接到老师的通知，让我准备参加南头区教育局和妇联联合举办的全国范围内的幼师招聘考试，我由此与深圳幼教结下了情缘。在临近考试的一天，晚上 9 点钟，我从广东梅州大埔乘坐大巴出发，黎明前到达深圳，进入位于罗湖区的东门汽车站。那时候的罗湖区是深圳最先发展起来的区域，只见脚手架林立，高楼如春笋般拔地而起，让我欣喜不已。接着，我和一同来的两个小伙伴上了"深圳—南头"的中巴车，沿着深南大道行驶至福田区的上海宾馆，一路都是平坦的柏油路，两边的零星灯光和高低错落的楼宇让人感觉挺有城市的气息。走出上海宾馆路段，中巴车在司乘人员的吆喝声中颠簸前行，摇晃中歇歇停停，感觉远离了城市，越走越偏远，越来越荒凉。经过两个多小时的车程，终于到达南头汽车站（现南新路与深南大道丁字路口的西南边），在集市般的混杂中找到了前来接我们的军人老乡，他带我们到当时南头街骑楼边为数不多的餐饮档口（现南新路与学府路交界东北角），吃了一碗汤河粉，随后便带我们赶往南头区教育局。与四十多名来自全国各地的应届幼师毕业生一起参加集中考试。主考官来自南头区教育局和南头区妇联，审核材料后进行谈话面试，接着是弹琴、舞蹈、讲故事、唱歌、画画等技巧考评，在懵懵懂懂中结束了首次深圳之行。

　　1986 年 8 月 20 日，是个值得纪念的日子，这一天是我到幼儿园的报到日。当时的南头区机关幼儿园新建园正在装修收尾中，我记得特别清楚，来教育局接我的是一个年轻女孩，短发，清瘦的小脸颊，运动短衣裤，露着两条笔直略黑的长腿，推着一辆自行车，简单的一句"我代表幼儿园来接你"，本地人的朴实纯质气息扑面而来。跟着她从大王山顶的教育局下坡，走过正在修建的公路旁的黄沙土地，又经过田埂路段后进入"红花园"区委宿舍楼，幼儿园就在三栋居民小区内的 1 栋 2 单元一楼的两套宿舍内，一共有两个班级，有两位老师唐俊芳、李碧琼和保育员张桂春、财务黄玉兰、厨师张凤玲。和我同时期来报到的还有我的师傅、来自惠州幼师的梁红，以及琼台幼师的陈菁玲和我的同班同学黄玉萍。就这样，在改革开放大时代的召唤下，我有幸成为一名深圳特区的幼儿教师，成为南山教育人。

地处南头较场路 1 号的机关幼儿园正在建设中，每天下班或者空班的时间，我们几个老师就前往新建的幼儿园进行环境布置。看着幼儿园的变化，我们充满期待。1987 年 2 月，我们搬进了南头区机关幼儿园新园址，开始了幼儿园发展的新篇章。

二

深圳蓬勃发展，急需幼教人才，加上特区待遇丰厚，幼教行业发展前景一片光明。随着办学规模的不断扩大，幼儿园通过全国范围内的招聘引进一批又一批的优秀教师。我作为一名职业高中毕业生，在人才济济的幼儿园里没有学历优势，必须不断学习和进步，让自己做到最好成了我毕生追求的目标。我坚持参加自考、函授，先后获得专科和本科学历，通过两段不同时期的研究生课程班学习，我获得了更多不同领域的专业理论知识。我始终认为，作为一名幼儿教师，有热情、有爱心、有耐心，让孩子感觉安全和温暖是教育的基础；而读懂、理解、点亮、支持每一个孩子是我们幼师应该坚持的专业追求。面对千人千面的孩子，一名教师不断地学习、提升自我尤为重要。因此，除向书本学习外，我还经常向前辈专家、同行同事、家长以及孩子学习。

2008 年 8 月 20 日，将近 40 岁的我走上机关幼儿园园长岗位。虽然在两位前任园长身边学习多年，但机关园在南山区 5 所公立园中的规模最大，一园三址，办学模式最新，名园办民园，在区域也是关注度和影响最大的，在高位发展中保持稳健前行是园长应有的使命和担当。作为机关园的老人，也深知幼儿园的突出优势和发展短板，面临幼儿园市场化政策的不确定性，在财政供给连年吃紧的情况下，如何在传承创新中建立学前教育影响力是摆在我面前的命题。首任园长朱济云在就任13年内树立了敬业乐业、团结奋进、正气真诚的良好园风，李倩园长任职9年间留下高标准严要求、排除万难敢于创新的干事创业精神。同时，我得到幼儿园老同事们的信任，得到市区各级领导的大力支持和帮助，在所有教职工的共同努力下，幼儿园得以稳健前行。

在管理中，我从尊重每一位教职员工做起，相信大家都具有想将事做好的初心和能量，能感受到集体的无形力量，这里形成积极温暖包容、充满内驱力的工作环境。另外，我们实行民主决策、公平公正公开的平等管理模式，激发大家的主人翁意识，共同寻找有效资源，从改善办学条件、保障教职工待遇入手，增强大家对管理和工作的信心；在提升办学品质、创建优质示范园的过程中，感受到努力付出的价值和行业的尊严。

在老师们的努力下，南山区机关幼儿园获得了广东省首批园长培训基地、广东省教育科研"十二五"规划课题《科教环境下幼儿探究性学习研究》课题研究实验园、深圳市首批优质特色示范园创建单位、深圳市卫生保健优秀幼儿园等称号，在"深圳市教育局'家园共育公益指导项目'"——深圳市学前教育专业委员会"社区科学育儿指导活动"中，荣获"先进单位"称号，成为优质示范园示范点，来自全省，甚至来自全国的调研团队来此观摩学习。南头城幼儿园分园连年获得民办优质示范园荣誉，2011年6月作为民办园代表之一接待市委书记"六一"慰问，成为全国名园办民园极具代表性的优秀典型，来自教育部、省教育厅等各方调研及各地教育同行来此观摩交流。幼儿园在这期间全速推进《3—6岁儿童学习与发展指南》精神实施落地，园所办学质量和教师专业能力得到全面提升，为龙岗、龙华等区幼儿园发展输出一大批教学业务管理者，成为业内佳话。

三

2000 至 2010 年，是深圳幼教行业最困难的时候，随着民办园的兴起，全市占比仅 2.5% 公办园的公益性受到前所未有的质疑，公共财政对公办园的财政投入颇受争议，导致幼儿园经费捉襟见肘，日常运作举步维艰，以幼教为荣的优秀幼师们价值观有所动摇，出现令人难过的离职潮。在最困难的时期，留在这里的教职工始终坚信，"人生百年，立于幼学"，幼儿园教育是根的教育，只要我们能够全身心地投入，用脚踏实地的行动不断证明幼教的价值，一定可以走出阴霾。事实证明，我们每一个坚守幼教的人做出了正确的选择，所有热爱幼教的人的付出，得到《国务院关于当前发展学前教育的若干意见》《中华人民共和国学前教育法》等国家文件的一次次的积极回应，迎来如今学前教育一片欣欣向荣的局面，在各级政府和教育局的主导下，成立幼教集团，做到办一所幼儿园、优一所幼儿园。

四

机关幼儿园第一任园长朱济云，在我职业生涯的思想动摇期给予我爱与呵护，让我学会了爱岗敬业，用心爱老师、爱孩子，用心经营教育事业，拥有了一名教育人应有的真诚、爱心与静待花开的包容。她爱我们每一位年轻老师，从生活和工作习惯开始，对我们一点点修枝灌溉，培育鼓励。每天早上，不到 7 点钟，她就到了幼儿园，对幼儿园上上下下进行全面巡视，因人而异地提要求、树目标，无时无刻不在工作中践行爱与责任。她的批评与呵护让我觉得内心无比温暖、踏实、充满力量。同样，面对情绪不稳定的孩子，她总是有奇招，像变戏法一样用糖、用爱、用自己独有的方式哄孩子们开心。

第二任园长李倩园长是一位极具人格魅力的学前教育人，她为南山机关幼儿园打下了良好的基础，带领我们迈上发展新模式和摸索建立特色课程的新台阶。1998 年为了区域发展的需要，区政府由红花路搬迁至桃园路，政府福利房也由原来的红花园区委宿舍拓展到新的福利房前海花园，刚到任不久的李园长审时度势把握时机，争取到前海花园二期配套幼儿园的办学机会及后期三期住宅配套园，成立了机关园小班部、婴幼儿教育基地。几乎是同时期，向南头街道办和南头城实业股份有限公司合办的南头城幼儿园伸出了援手，以名园办民园的新思路寻找公办园发展出路，以机关园与街道办、股份公司强强联手的管理模式，接过当时摇摇欲坠、濒临倒闭的南头城幼儿园，做出公办园办民办园的办学新路。随着办学规模的扩大和稳定，如何建构特色课程成为幼儿园实现优质发展、特色发展的突出任务。李倩园长带领大家在机关园实施和普及艺术教育的基础上寻找发展路径，创建符合当时发展实际的科技教育课程体系，这一举措，得到了上海市教育科学研究院教师发展中心研究员徐子煜教授的充分肯定。全园上下坚持多年的探讨，在实践的引领下，建构了科技教育特色课程的雏形。

　　非常荣幸，我能见证南山区机关幼儿园整个发展历程，南山机关幼儿园这片土地滋养了我，让我成为一名合格自信的幼教工作者。

扎根南山　守拙践行

——潘峻茹园长访谈录

潘峻茹园长简介

潘峻茹，女，大学本科学历，中共党员。1991 年参加工作，2016 年 8 月从深圳市南山区西丽幼儿园调入深圳市南山区机关幼儿园，任副园长，2023 年外派任南山区沙河幼教集团总园长及红树湾幼儿园园长。2021 年获深圳市学前教育"苗圃工程"骨干园长称号。

一

2016 年 8 月，基于干部管理规定的轮岗要求，我告别了那个已辛勤耕耘23 年的单位，转岗至机关幼儿园，出任副园长。离别之际，心中满是眷恋与不舍，往昔岁月的点点滴滴皆成珍贵回忆。初到机关幼儿园，我的内心被诸多忧虑充斥。这所幼儿园办学口碑极佳，是公认的高品质园所，然而也正因如此，我倍感压力。面对全然陌生的工作环境与业务体系，我深恐自己难以迅速适应，担忧自身业务知识与能力储备难以匹配岗位需求，跟不上工作节奏，故而内心满是忐忑与不安。

但从我踏入机关幼儿园的那一刻起，所有顾虑都渐渐消散。行政团队就像温暖的阳光，毫无保留地全方位接纳了我这个"新人"。他们极为细心地为我介绍每一位同事，使我能快速融入集体；耐心地讲解园内各处环境，让我熟悉工作场所；精心地安排好了办公室，从桌椅的摆放、文件柜的整理，到一应俱全的办公用品，事无巨细，皆考虑周到；甚至连厨房最具特色、最好吃的几个菜式都一一为我介绍，那味道极好的机幼卤鹅，令我至今难忘，让我感受到家一般的贴心关怀。老师们也毫无距离感，在这里，我真切地体会到了团队的凝聚力与亲和力，也对未来在机关幼儿园的工作充满了信心与期待。

二

机关幼儿园自 2000 年迁址至前海花园后，便开启了它独特的发展历程，形成了"一园两址"的格局。位于前海花园一期的园址，被可爱的孩子们亲昵地称为"大城堡"幼儿园，而小班部则被称作"小城堡"幼儿园。这两座"城堡"总共设有 22 个班级，接纳了 700 多名天真烂漫的幼儿。

城堡园已走过 14 年的风雨岁月，园中的房屋建筑与设备设施难免显露出一些陈旧的痕迹。但踏入园内，入目之处皆干净整洁，令人心生愉悦。园内一共有 3 个活动场地，均铺设着高品质的 EPDM 材质，为孩子们的户外活动提供了安全舒适的保障。

随着幼儿园教育理念的不断发展与更新，园内环境也与时俱进，以满足孩子们日益丰富的游戏活动需求为核心，紧密结合课程理念，幼儿园进行了一系列大刀阔斧的改造工程。2017 年，厨房迎来了全面改造，现代化的厨房设施一应俱全，从烹饪设备到餐具消毒，从食材储存到加工区域划分，都进行了科学合理的设计与更新，为孩子们的饮食健康提供了更坚实的保障。

2018 年，庭院旧貌换新颜。原本单调的庭院空间经过精心设计与改造，变成了一个个富有教育意义与趣味的小天地。小圆厅充满艺术气息，可以涂鸦，孩子们可以尽情释放自己的创造力；庭院内种植着各种花卉植物，孩子们能在此亲近自然，观察植物生长，感受生命的奇妙。

2019 年，南操场经历了一场精彩的蜕变。曾经简单空旷的操场，如今功能分区更加明确合理：设置了专门的球类运动区域，配备了适合不同年龄段孩子使用的篮球架、足球门等体育器材；还有充满挑战的攀爬区域，长长的网笼、绳索等设施，锻炼着孩子们的勇气与身体协调能力；更有宽敞舒适的集体活动区域，可供孩子们进行早操、大型游戏等集体活动。

到了 2020 年，小班部也迎来了属于它的华丽转身。从教室内部的装修装饰，到室外活动场地的优化升级，每一处细节都充分考虑到小班幼儿的年龄特点与发展需求。色彩鲜艳、充满童趣的教室环境，仿佛将孩子们带入了一个个梦幻的童话世界；而室外活动场地则增添了更多适合小班孩子的游乐设施，如小型滑梯、小泥塘、沙池等，让孩子们在安全的环境中尽情玩耍。

2022 年，幼儿园追随"百校焕新"的步伐，进行了全面的翻新改造，可谓是从内到外、从硬件到软件都实现了质的飞跃。从屋顶的防水修缮到墙面的重新粉刷，从卫生间的更换到地面的重新铺设，每一处都焕然一新。

特别值得一提的是，操场旁边曾经的那片小树林，在改造过程中依然保留了树林的风貌，只是巧妙地对其活动功能进行了优化调整。如今的小树林，更具自然生态之美。蜿蜒曲折的小径穿梭其中，孩子们可以沿着小径漫步，观察树林里的花草树木、鸟儿昆虫；还设置了一些隐蔽的小木屋、树屋，孩子们可以在这里开展角色扮演游戏，或是静静地阅读一本喜爱的绘本，享受静谧的阅读时光。这片小树林，已然成为孩子们心中最喜爱的乐园角落，承载着他们无数的欢声笑语与美好回忆。

三

在幼儿园的发展历程中,诸多重大事件如璀璨星辰,照亮了我们前行的道路。

杨炼红园长在经过多年的奉献后光荣退休,她在任期间为幼儿园的发展奠定了坚实的基础,引领着全体教职员工一路前行,她的智慧与心血深深烙印在幼儿园的每一个角落。随后,刘红丽副园长接替园长职务,肩负起新的使命,继续带领团队开拓进取,传承并发扬着幼儿园的优良传统与教育理念,带领幼儿园开启了新的篇章。

2019 年是幼儿园发展的关键节点,需负责筹办第一所分园——阳光粤海幼儿园。筹办过程并非一帆风顺,从最初的选址规划,到园内的布局设计;从师资队伍的筹备组建,到课程体系的构建搭建,每一个环节都倾注了大量的心血。机关幼儿园将自身优质的管理模式,如同精心培育的种子,悉心地播撒在分园的土壤中,让其生根发芽;园所文化也如涓涓细流,润泽着分园的每一寸土地,成功实现了教育资源的孵化与输出,进一步拓展了教育版图,为更多孩子提供了高品质的学前教育服务。

2020 年,我们积极响应"5080"政策,接管转型的华侨城世界花园幼儿园,这无疑是一项极具挑战性的任务,同时也是幼儿园迈向集团化管理的重要探索。在接管转型过程中,面临着诸多复杂的情况,如原有教育理念与新模式的融合碰撞,园内设施设备的更新改造,教职员工的培训提升等。然而,机关幼儿园凭借丰富的经验与勇于创新的精神,逐步摸索出一套行之有效的集团化管理模式,在整合资源、优化管理流程、提升教育质量等方面都取得了显著的成效。在此期间,幼儿园的教育成果也得到了广泛认可,荣获广东省基础教育成果二等奖以及国家教育成果二等奖,这不仅是对幼儿园教育教学工作的高度肯定,更是激励全体教职员工不断奋进的强大动力。

2023 年又迎来了一次飞跃式发展,成功孵化集团,并派出管理团队助力新成立的沙河幼教集团。这意味着幼儿园的影响力进一步扩大，在集团化运作的道路上迈出了更为坚实的步伐。我作为新集团的园长，将自身在机关幼儿园积累的丰富管理经验、先进的教育理念毫无保留地注入沙河幼教集团，助力其快速成长，为推动区域学前教育的高质量发展贡献自己的力量。

四

有幸邂逅杨炼红园长，她对幼教事业满怀热忱，对孩子们倾注了无尽的爱。她的管理艺术精湛，将幼儿园治理得井井有条。同时，她对教职工也关怀备至。恰逢幼儿园 30 周年园庆，我们聆听她讲述建园的艰辛、迁园的决策，还有园内老师们的专业成长历程，以及孩子们的欢乐游戏瞬间，每一个故事都饱含深情，字里行间都流淌着对园所的深厚情感，那份对幼教事业的执着坚守令人动容。

刘红丽园长同样令人钦佩。初入园时，我与刘园长同在一个办公室，我可以近距离感受她的工作态度。她对待工作认真负责、一丝不苟，专业素养深厚。在培养年轻教师方面，她不遗余力，精心雕琢，培育出一支拥有专业技术的教研团队。在她的引领下，机关幼儿园的探究性课程得以稳步构建、扎实推进。她对专业的那份痴迷与热爱，深深触动着我，成为我不断前行、努力学习的动力源泉。

机幼精神　传承发展
——王静园长访谈录

王静园长简介

王静，女，1973年12月出生于山东省潍坊市昌邑县（现改名为昌邑市），中共党员，本科学历。现任阳光粤海幼儿园、悦桂府幼儿园法人园长，南山区督学。曾获深圳市先进教师，南山区先进教师、优秀班主任、优秀团员、优秀团干、优秀党员、优秀督学等荣誉称号。曾获南山区班主任大赛二等奖，区论文大赛二等奖、三等奖；主持区级课题"运用学习故事评价幼儿园建构游戏的实践研究"，参与区级课题"借助地图的学习促进大班幼小衔接的策略研究"。论文《基于整体性原则的幼儿活动区域环境创设》获广东教育学会2022年度学术讨论会征文评选三等奖。

———

我小时候随父母在深圳生活、学习、成长，就读于深圳教育学院幼师部，毕业后，顺理成章地成了一名幼儿教育工作者，一晃已经34年了。2019年8月，南山区教育局党委任命我为南山区机关幼儿园副园长，于是我就从工作了

26 年的南山区教育幼儿园调到了南山区机关幼儿园。

我记得来机关幼儿园报到的那天，刘红丽园长非常细心地提醒我要早一点到。我当时特别感动，心想：能遇到刘园长这么好的领导真是太好了，在她的精心指导下，我一定能学到更多本领，在工作上做得更出色。

怀着憧憬与期待，我早早就到了机关幼儿园。映入眼帘的是干净、敞亮、特别有艺术感的造景。进入园内，最吸引人眼球的就是精心打造的一季一景环境创设。再细看，幼儿园的每一处都很干净，每一个角落都展现着精心设计的艺术美。到园第一观感，我感受到的不仅是令人心旷神怡的美，还有对机关幼儿园团队的信心。随后，老师们陆续进入幼儿园，大家欣喜地相互打招呼、问好，园里一下子就热闹起来，这让我感受到团队的热情、和谐和团结。报到这天，幼儿园给我的第一印象就是"美"——环境美、设施美、人心美。

二

我印象特别深刻、感觉特别震撼的是第一个学期结束时机关幼儿园举行的年度大会。这个活动在每个幼儿园都会举办，但是机关幼儿园"春晚"的高规格、精策划，是我从未见过的。晚会的每一个环节都完美体现了"机幼出品，必是精品"的极致追求，让我深深地感受到了高标准、高要求是我们机关幼儿园必备的职业素养和自我修养，体现的是南山区学前教育的高质量、高水平。这对我后来在阳光粤海幼儿园、悦桂府幼儿园担任园长有着深刻影响。

我在阳光粤海幼儿园担任园长期间，传承了机关幼儿园"创设促进幼儿身心全面和谐发展的教育环境，提供一生可持续发展的高质量幼儿教育"的办园理念，在此基础上，带领阳光粤海幼儿园团队和悦桂府幼儿园团队一起深入实践、不断提升，充分挖掘两所幼儿园各自的特色课程，分别构建了"科技引领，生态育人"和"健康运动，快乐发展"的园所发展定位，致力打造以儿童生活为基础、探究为核心、活动为载体的园本课程，为孩子们创造一个既富

深圳市南山区机关幼儿园

Shenzhen Nanshan Kindergarten of Municipal Authorities

有科技气息又贴近自然的学习环境，促进幼儿的全面发展。阳光粤海幼儿园获得了诸多荣誉，得到周边居民的一致好评，成为学前教育的一张金名片，在粤海街道闪闪发光。阳光粤海幼儿园全面贯彻落实教育部《幼儿园教育指导纲要》和《3—6岁儿童学习与发展指南》文件精神，秉承机关幼教集团"创设促进幼儿身心全面和谐发展的教育环境，提供一生可持续发展的高质量幼儿教育"的办园理念，根据"科技引领，生态育人"的园所发展定位，2023年被评为深圳市绿色幼儿园和深圳市南山区无烟学校，2024年获得深圳市健康促进幼儿园金奖。

承蒙南山区教育局领导的信任，又有了在南山区机关幼儿园的历练，我同时兼任悦桂府幼儿园园长。悦桂府幼儿园同样秉持南山区机关幼教集团的"创设促进幼儿身心全面协调发展的教育环境，提供一生可持续发展的高质量幼儿教育"的办园理念，以《3—6岁儿童学习与发展指南》为指导思想，坚持科教环境下幼儿探究性学习的研究，以"健康运动，快乐发展"为园所发展定位，致力于开发健康教育与科技融合的园本课程，为幼儿提供丰富、有趣的创新体育运动体验，促进其健康快乐地全面发展。

三

作为分园的负责人，在南山区机关幼儿园的几年时间，我不仅学会了做人，更学会了处世。初任园长时，黄天骥园长给了我很多帮助，无论是从幼教专业角度还是从教育管理角度，她经常会对我进行悉心地指导。

我刚来到阳光粤海幼儿园担任园长的时候，遇到一件棘手的事：有一位优秀的师傅要辞职。

当时我心里很难过，不断地反思自己：是不是我哪里做得不够好？是不是我的管理出了问题以至于这么优秀的员工要辞职？

黄园长手把手教我，教我学习沟通，学习尊重，学习深入开展工作。

于是我主动关心这位师傅，和他推心置腹地聊天，问他是不是在身体方面、家人照顾方面、子女培养方面出现困难。

经过多次沟通，这位师傅感受到了我作为园长的良苦用心和对他的诚挚关怀，他决定克服困难，留在幼儿园继续工作。幼儿园能够拥有经验丰富、责任心强、能力又强的老员工，做我的左膀右臂，让我非常安心。

在刘园长和黄园长的指导下，我又顺利接手了悦桂府幼儿园。随着时间的流逝，我对幼儿园的管理越来越顺手，这离不开两位园长高屋建瓴的格局和毫无保留的指引。正是因为南山区机关幼儿园的这种传承，才能够让南山区学前教育学校如一颗又一颗璀璨的珍珠闪闪发光。

职业成长　幸福人生
——蒋平园长访谈录

蒋平园长简介

　　蒋平，女，1973年9月出生于湖南省岳阳市，中专毕业于湖南省长沙师范学校，通过自考先后获得专科、本科学历，幼儿园一级教师，中共党员。1995年5月从湖南省岳阳市调入深圳市南山区机关幼儿园任教，历经教师、班主任、年级组长、教研主任岗位，目前任华侨城世界花园幼儿园园长。个人成就：2016年获聘南山区第二届"精英人才校园共享计划"精英教师，2017年被评为深圳市教育学会学前教育专业委员会讲师团"优秀讲师"，2018年申请的课题《户外自主游戏环境的创设与实施策略研究》，经过中国学前教育研究会专家评审，被确定为中国学前教育研究会"十三五"滚动立项课题（G20180067），2021年荣获深圳市学前教育"苗圃工程"名教师称号。

一

　　20世纪90年代的深圳，是我们每一个年轻人向往的经济特区。1994年的暑假，我到深圳玩，想好好目睹深圳经济特区的风采。恰逢深圳市机关一幼招聘教师，我顺利入职。一幼正在参加省级评估，由于评估的时候每个班的幼儿都有人数规定，于是就把每个班多的几个孩子集中在一起，我就成了这个混龄集中班的教师。省级评估完成以后，这个由小、中、大班多出来的孩子组合的班级就解散了。没过多久，听说《深圳特区报》上有面向全国招聘的信息，我参加报考，经过两轮考试，还真考上了，我顺利成了一名深圳人。我虽然落户深圳，却没有给我分配工作，于是我自己去找了一所民办幼儿园入职。

没多久，又有朋友告诉我："又在面向全国招考幼儿园老师啦，要不要来参加呀？"经过两轮考试，我再次考上了。听朋友说，南山区正好有两个编制，于是我就过来面试并顺利地通过了，于此我调入了南山区机关幼儿园。

从我 1994 年来深圳，到调入南山区机关幼儿园历经一年，正式入职时已经是 1995 年了。

二

第一次到南山区机关幼儿园的情形我还记得特别清楚。幼儿园的地点就在南头天桥那边，幼儿园的门是红白相间的双开铁门。那是一个酷热的中午，幼儿园的小朋友们都在午休。我正对着紧闭的大门发愁，看到有个老师骑着摩托车开门进幼儿园，我赶紧对他说："老师，我是来面试的，能不能让我进去呀？"那个老师很热心，赶紧停好摩托车过来给我开门。

进到幼儿园里面，我发现园所的条件还是挺不错的。每间教室大约有 100 多平方米，还有专门的卧室。卧室用的是实木地板，孩子们就把床垫铺到实木地板的地面，睡完觉非常有序地把这些床垫收起来，又变成了一个更大的活动室。窗户都特别大，整个教室相当通透，感觉非常温馨。也就从这时候开始，我正式入职南山区机关幼儿园。

三

我从一名青涩的配班老师开始，逐渐成长为娴熟的园所负责人，30年倏忽而逝。在这段职业生涯中我历经了多个岗位，从一线老师、年级组长，到教研员，再到园长，在身份的转变中，我不断打磨自己的教育方法，也不断迎接一个又一个挑战。

让我特别难忘的是，幼儿园10周年园庆的时候，我还是一名普通的教师，我和年轻老师们一起演出了舞蹈《春天的故事》。那时候的我们穿着粉绿色的裙子、银色的靴子，音乐响起来，我们跳起来舞起来，是多么有朝气、多么活泼呀。

等到幼儿园20周年园庆的时候，庆典在北区大礼堂举办。我们跳了一个舞蹈，名字叫《茉莉花》。我们穿着深绿色的裙子翩翩起舞，音乐很美，舞蹈也很美。我们和幼儿园一起成长，一起感受欢乐。

到了幼儿30周年园庆的时候，我已担任大班组的年级组长。由于临近毕业季，园庆要与大班的毕业典礼合并举行。我们当仁不让地承担了多个节目的表演任务。要把节目排练好、把人员调度好真不是一件容易的事情。身为年级组长，自从接到任务起，我就无时无刻不在思考——一方面要保证演出质量，另一方面也想在活动中发现各位同事的长处，以此为契机打磨团队并带动团队成长。园庆活动筹备和完成期间，我开始学习统筹协调，也对伙伴们齐心协力完成任务心存感激。"看见老师"这一培养指导，在后来的工作中一直被我运用，尤其是当园长后，这个方法在队伍成长过程中颇有成效，当时的搭档先后都走向了管理岗位。在那次园庆活动中展现的种种做法，如看见老师的优势和特点，给老师提供充分发挥的平台，尊重老师的主体性等，也逐渐成为我园管理文化中非常重要的部分。

四

随着深圳市幼儿园"民转公"的浪潮，市里新增的公办园越来越多，也给了一线幼教人许多机会。在此背景之下，我被任命为园长，这是我专业成长道路上最关键的转变。如何让一所幼儿园向着"高质量"发展，我认为关键还是要依靠老师。我着手调整幼儿园师资队伍结构，引进一批应届全日制本科生，以提高老师的专业素养。新入园的老师面临着从学生到老师的转变，我一边加大培训力度，帮助他们尽快适应老师角色，一边以签订合同、提供福利等方式稳定队伍，让他们安心工作，尽量减少不必要的流动。不知不觉中，我在园长岗位即将迈入第五个年头。作为一名老师，我已经有了丰富的经验，但作为一名管理者，如何始终与其他老师站在一起，带动其他老师的专业发展，对我来说依然是需要不断求索的课题。我想，我们不仅需要用看见孩子的眼睛看见老师，而且需要以倾听孩子的耐心倾听老师，以培养孩子的方式引领老师的成长。

五

在南山区机关幼儿园工作 30 年，让我印象颇深的是第一任园长朱济云。那时候，我还是个年轻的配班老师，和园长的直接交流很少，每次见到朱园长，就像见到邻家奶奶那样，感觉她特别慈祥，特别和蔼。

杨炼红园长是我职业生涯的带路人。那时候的我并不是特别自信，每次有参加比赛的机会我总是不太积极主动。我有时候爱写写东西，杨园长就带领我写课题计划，培养我的课题意识。我不会写的，她就让教授来给我们作指导。就这样，我从一个懵懵懂懂的带班老师，慢慢学会了写开题报告、进行课题研究、撰写课题总结，一步一步让自己的专业水平得到了提高。

李倩园长对我的帮助也很大，她总是说"蒋平是个好苗子，要好好培养"。2012 年，教育部颁布《3—6 岁儿童学习与发展指南》，我们全面学习和落实文件精神，进行课程改革、环境创设，开展区角创设，开展各种赛课。李倩园长鼓励我参加班主任大赛，为了让我进步更快，李园长请教授来给我出谋划策，她本人更是一次又一次地对我进行悉心指导。比赛过程中，李园长怕我紧张，全程陪着我，给我鼓劲，为我加油。那次比赛，我成绩不太理想，哭着走了出来。李园长一点都不泄气，说："你已经表现得很好了，你以后会更好的。"李园长的鼓励，让我学会自我反思、自我总结、自我提高、自我成长，通过更多历练，我慢慢地找到了自信。

　　真正让我从一个基层教师成长为幼儿园管理者的引路人是刘红丽园长。刘园长目睹我从基层做起的实践经历，她知道我的长处，也知道我的短板。在"民办转公办"的新挑战和新机遇来临之际，刘园长有策略性地和我沟通，给我鞭策，让我内心始终认同老师是园所保教质量的践行者和顶梁柱。因此，在逐步向管理者过渡的过程中，刘园长鼓励我与一线老师们真正站在一起，理解老师、发现老师、关心老师的专业成长，也与他们一起成长，引导我从实践者转为管理者，帮助我走过了"成为老师、看见老师、引领老师"的历程。

世代南山　因父从教

——廖斯雅园长访谈录

廖斯雅园长简介

廖斯雅，女，1980年11月出生于深圳，本科学历，幼儿园高级教师，中共党员。1999年7月毕业于深圳市教育学院幼儿师范专业，毕业后分配到深圳市南山区机关幼儿园任教，从配班教师、班主任、教研员、学区教研员、信息资源中心主任、副园长到分园园长，在机关幼儿园一路成长，从教至今26年。曾获聘南山区第三届"精英人才校园共享计划"精英教师，获深圳市学前教育"苗圃工程"教科研骨干称号。

———

我初中毕业那年，关于未来的去向，我有自己的想法。我从小习舞，渴望做一名舞蹈家，可是父母觉得去广州求学太远，而且艺考这条路还是很艰苦的，父亲说："要是喜欢唱唱跳跳，还不如去当一名幼师。做老师人际关系简单单纯，挺适合女孩子的。"

当年的中师还是相当热门的，全市每年招考 35 名，我从南山区报考的 300 多人里脱颖而出，进入了深圳市教育学院幼儿教育专业学习。

虽然一开始对当教师并没有太深的期待，但是带着父亲对我的期许，也带着干一行爱一行、干一行专一行的理念，我在心里埋下了一颗种子：用心从事幼儿教育工作。

从深圳市教育学院毕业的时候，我被分配到南山区机关幼儿园当老师。毕业那年是 1999 年，正是深圳的经济高速发展时期。

刚上班那会，我每天早上 6 点多起床，晚上七八点回家，还要经常加班，我身边的亲戚、朋友、同学都跟我开玩笑说："干吗做得那么辛苦呀？钱又不多，还那么累。"

还有同学取笑我："你是我们本地人中最辛苦的一个了。"

我听了都是一笑而过。我记得父亲曾经说过："工作哪里有不辛苦的呀，不辛苦就是自己对专业的要求、追求不够。"

带着这一份信念，在幼教这一行一干就已经是 26 年，我也希望自己在教育领域有所建树、有所作为。

二

2000 年，机关幼儿园迁址到前海花园，那时候的前海是填海出来的地区，属于偏僻的地段，道路都是未修建完工的状态，没有公交车，只能走路或骑车，我当时觉得这里就是我们说的"山旮旯"的偏僻地方。

我清晰地记得，那时候刘红丽园长经常骑着单车载我一程，那段摇摇晃晃的时光现在看来是那么美好。刘园长当时跟我说："你别看现在的前海是这个样子，以后这里肯定会有很大的发展，好好干吧！"她的话让我一下子觉得心里暖暖的，并且坚定了好好干的决心。

我刚参加工作的时候，跟陈红老师搭班，这是我工作生涯最好的开端。陈红老师带了我 4 年，手把手教我写教案、做教具、写计划总结、做教研课题。她告诉我如何与家长交流、如何上好公开课。遇到挫折的时候，她会鼓励我，遇到困难的时候，她会帮助我。她不仅让我学会了做事，也学会了做人，学会了如何做一名优秀的幼师。

记得第一次上全园公开课的时候，我非常紧张。在开始之前，陈红老师看出来我的紧张，她让小朋友给我加油鼓励："小朋友，我们用打气筒给廖老师打气加油吧！"她用动作和拟声让小朋友给我"充气"，让我理解了课文中所谓的"大石头落地"的那种心情，我心情一下子放松下来，从容面对，公开课也上得顺利和成功。正因为陈红老师用规范性的教育理念和教育方法带我，让我扣好了教育人的第一颗纽扣，顺利走过了从一名新手老师到成熟老师的历程。

三

刘红丽园长是一位有高要求、对工作细节严谨的前辈。记得有一次，她让我负责幼儿园书稿的校稿工作。这是一份细致的工作，我从来没有做过。刘园长坚持高标准、严要求，从格式、标点符号、段落等，一点一点地指导我。

经历了这件事情以后，我深刻地学习了刘园长做事的风格和为人的态度。还有一件事情，在我的职业生涯中对我的影响也很大。

当时，杨炼红园长想提拔我担任教研员，可我觉得这个事情特别难，畏首畏尾，不敢承担。杨园长鼓励我说："你发挥自己的特长，勇敢去尝试，一定可以的。"对于个人专业发展方面，杨园长找我谈话的时候也指出："每个人都要有自己不可替代的特色特点，你想一想你擅长什么，或者说你想要研究哪方面。"我深思熟虑后，跟杨园长说："我想研究早期阅读，我想在幼儿早期阅读方面去做一些探索。"杨园长说："非常好呀，只要是你自己喜欢的，你去探索，幼儿园会给予你大力支持的。"

我连续带了 6 届学生，持续了 18 年的时间，在幼儿早期阅读方面进行了很多的探索和实践。

当时有一套课程《幸福的种子》，我觉得这套课程非常有价值，于是就带动家长、老师和我一起进行实践。连续 18 年的实践和跟踪证明我们的探索有非常好的效果，对培养幼儿的阅读习惯、阅读能力都具有长远的延续性。

我感谢杨园长给我这么大的自由度，去探索自己喜欢的领域。在前海时代第二幼儿园担任园长后，我也推行并深化了幼儿早期阅读，后成为我园的教育特色，受到同仁好评，得到家长认同。

四

我是一个土生土长的深圳本地人，从事幼儿教育的深圳人确实很少。我想跟年轻的老师们说："从事幼儿教育工作，也许没有想象中的高薪，也没有想象中那么简单，但我们是一名'身正为师，德高为范'的教育工作者。政府部门和教育部门对我们幼教人有一份特别的关心和关爱，让我们感觉到温暖。作为老师，我们会得到家长的尊重。只要我们对孩子们有爱心、有耐心，孩子们每天回报给我们的是甜甜的笑和温暖的拥抱，这是一份让人灵魂纯粹的职业。"

随着教育事业的发展，现在推崇"专家型教育师"，无论是本科毕业还是硕士毕业，只要愿意钻研、愿意学习，在幼教领域你会结出累累硕果。这些成果，不仅是教育教学的总结，也是我们每位老师实现自我价值的体现。我祝愿有更多的优秀的年轻人加入幼教，热爱幼教，成就幸福人生。

矢志不渝　奉献幼教

——郑春丽园长访谈录

郑春丽园长简介

郑春丽，女，1973年3月出生于河南省信阳市，幼儿园高级教师，华南师范大学教育管理专业本科学历，1996年5月入职深圳市南山区机关幼儿园，历任教师、班主任、年级组长、保教副主任、人事干部岗位。曾任南山区教育局教科研中心教研员，负责45家幼儿园师资队伍建设及教研指导。2021年6月入职南山区机关幼教集团分园招商领玺幼儿园，历任工会主席、后勤主任、执行园长岗位；在此期间同时担任绿海名都幼儿园行政管理工作。2023年10月起担任招商领玺幼儿园法人园长至今。"刘红丽教科研专家工作室"主要成员，"卜亚玮教科研专家工作室"主要成员，南山区人民政府兼职督学。独立主持南山区科技创新局教育科技项目《大班幼儿科学区域探究活动材料投放的研究》《科教环境下幼儿探究性行为的研究》。多次参与国家、省级以及区级课题研究；《幼儿园探究性学习环境创设》编委成员，参与撰写《机关幼儿园小中大各年级区域材料投放指引手册》《一日活动组织环节手册》《主题活动案例集锦》等园本课程课题研究成果等；多次荣获南山区先进教师、优秀教师、优秀班主任。

一

20 世纪 90 年代，年轻的我对深圳经济特区的印象是既陌生又充满好奇。当时我有位亲戚在深圳，告诉我说："深圳急需各种人才，包括幼儿老师，你可以来试试。"我抱着到深圳来看一看的好奇心就来了。

在亲戚的带领下到了南山区南新路，在天桥附近看见彩色的房子，像是幼儿园，我们就来到大门口打听是否招老师。

我记得当时是午休时间，幼儿园里静悄悄的，只有蝉鸣和似火的骄阳，我俩在门口的树荫下静等孩子们起床的时刻。

等到两点半，顺利地见到了园长，现场进行面试。面试结束的时候，园长笑眯眯地说："很不错，你被录用了。"

我特别幸运，1996 年 3 月进入机关幼儿园，5 月份就有面向全国公开招聘的机会，当时有两个正式编制，经过笔试、面试，我顺利地考上了。与此同时，深圳市刚创办的机关七幼也在面向全国公开招聘，我抱着试一试的态度就报名参加考试，经过两轮考试，也幸运地考上了，我是幼儿园第一个当年入职当年就考上编制的老师。我选择了南山区机关幼儿园，扎根南山，扎根机关幼儿园，一干就是 30 年。

二

1996 年刚来南山时，我感觉这里是城市的郊区，有很多一栋栋的农民房，最大的一条路是南新路，和深南大道交界处有一座天桥，机关幼儿园就在天桥旁边的南头较场路 1 号。幼儿园的大门是红白相间的双开铁门，整个幼儿园呈 L 形，幼儿园的外墙是蓝色调的，户外有一个滑梯及玩具设备，园内还有长围墙，教室内比较宽敞，组织活动和午睡在分开的两个房间，午休的屋子全是木地板，幼儿铺上被褥就可以睡。

作为长期扎根一线的幼儿教师，我参加了南山区机关幼儿园深圳市一级示范园评估、省一级幼儿园评估、省一级幼儿园复评。在这一次又一次的评估当中，我印象最深刻的就是我们每一位老师加班加点时从无怨言，大家经常加班到深夜，来不及回家睡觉，就在幼儿的睡房休息一下，天亮的时候起来接着上班。

在这一次次历练中，我有了获得感，有了幸福感，有了成就感。南山区机关幼儿园是深圳市第一批通过省级幼儿园评估的单位，我们付出了汗水，为南山奉献了青春，为幼儿园的发展、为南山区的教育做出了应有的贡献。

三

南山区机关幼儿园自从千禧年搬迁至前海花园后，在李倩、杨炼红园长的带领下，开始园所文化建设。

刘红丽园长上任后，对幼儿园整体环境进行了全方位的打造，改造了南操场、天台花园、感统平台，孩子们有了洞穴与木屋、爬笼与吊环。楼顶天台花园种着果树、芳香植物、多肉植物、蔬菜瓜果，是孩子们的乐园。机关幼儿园的一砖一石、一花一草、一树一景，遵循着自然与万物的和谐关系，皆是全体教职工精心雕琢出来的。

机关幼儿园的环境以幼儿的视角来打造，耐看耐品耐人寻味，不显不炫不张扬，处处彰显园所文化内涵，富有文化底蕴。

在刘园长的指导下，幼儿园成立了园所"一季一景"环创小组，申请了区教育局课题"二十四节气文化情景式行动探索"，全园先后有几十位老师和几百名孩子投入这个项目中，历经 3 年。李潇池老师是项目的负责人，我有幸成为环创小组的一员，也是二十四节气项目组的一员。在课题和项目进行过程中，我们和孩子们一起成长与进步。

2020 年，我带着孩子们创作的《飞翔的鸟》，至今还在幼儿园的庭院空中悬挂，为幼儿园的环境增添了一处亮丽的风景。现在的机关幼儿园真是一处一景，每一处每一景皆蕴含着教育价值。

四

转眼间，30 年悄然而逝，我从刚来南山区机关幼儿园时青涩的配班老师，经过多年的历练逐步成长为园所负责人。在我的职业生涯中，经历了一线教师、班主任、年级组长、教育局学区教研员、园长。多岗位的历练，令我的管理能力得到进一步提升。

让我特别难忘的是，幼儿园 10 周年园庆，当时园所还在南新路那里，我也刚刚到机关幼儿园，是一名普通的配班老师，年轻的我们一起演出了舞蹈《春天的故事》。那时候的我们穿着粉绿色的裙子、银色的靴子，头发盘起来，青春、靓丽，就像美丽的天使，漂亮极了！我至今还保留着一张当时跳舞的照片。

幼儿园 20 周年园庆的时候，我记得庆典是在区委大礼堂举办的。令我印象特别深刻的是，我们跳了一个舞蹈名字叫《茉莉花》，我们穿着深绿色的裙子，音乐旋律很美，舞蹈也很美。

幼儿园 30 周年园庆的时候，我记得那时候的自己既是教育局发展中心学区教研员，又担任年级组长，承担了多个节目的表演任务。在这个过程中，我的策划和组织协调能力都得到了锻炼。

在国家教育政策的大背景下，南山区大力发展公办园，并进行集团化管理，机关幼儿园成为机关幼教集团，先后接管了世界花园幼儿园和阳光粤海幼儿园。2021 年 6 月底，机关幼教集团又承接了招商领玺幼儿园的主办权，这里是前海，地处湾区引擎——前海自贸区，深圳湾畔，风鸣穿谷，是一所新型公办园。教育局想把这所园打造成前海自贸区的标杆园所，于是把这个艰巨的任务交给了机关幼儿园。

我被集团派驻招商领玺幼儿园，作为筹建小组的一员，开展筹建工作，当时筹建的过程我至今仍历历在目。自 7 月 6 日来到园所，每天风尘仆仆，几乎天天都是晚上 10 点多才回家，整整一个暑假没有休息一天，每天跟不同的建设方、施工方沟通交流、谈判，不断遇到困难，不断解决困难。在这个过程中，集团就是我们坚强的后盾，刘园长寻求多方力量，协调解决一个个难题。在集团的大力支持下，招商领玺幼儿园克服了时间紧、任务重的难题，于 2021 年 9 月顺利开学。

我在招商领玺幼儿园先后担任工会主席、教学主任、后勤主任、执行园长，同时兼任另外一所分园绿海名都幼儿园的管理人员，多岗位的历练提升了我的管理能力。

2024 年 2 月，我顺利通过南山区的园长公开招聘，被南山区教育局正式任命为招商领玺幼儿园园长。我在成长的过程中，也见证了南山区机关园的不断成长与壮大。

五

我在南山区机关幼儿园工作 30 年，令我难忘的人有很多，最难忘的是 4 位园长。

第一位园长朱济云，干练、率直、快人快语，凡事亲力亲为，喜欢养小狗，特别有爱心，楼下草丛里的小猫都喜欢她，因为她每天都会给小猫们喂吃的。

第二位园长李倩，艺术修养高、笃定、大气、做事果断。

第三位园长杨炼红，务实、宽厚、谦逊，具有很强的管理能力。

第四位园长刘红丽，严谨、细致、勤勉、充满激情、专业水平高，具有坚韧不拔的精神，是一位卓越的领导者。在我从一线老师走向管理岗位的过程中，离不开刘园长一路的引领、助推、呵护！

让我难忘的同事也有很多。黄天骥老师是我来到机关幼儿园的第一位导师；陈红老师为人热情，总是帮助和指导我；美术专业老师李潇池、罗素民爱好美术，我经常向二位大师请教，在不断交流的过程中逐步提升了我的艺术修养和审美；还有保安任师傅，除了做好本职工作，还多才多艺，我记得当时做毕业作品《飞翔的大鸟》时，是他给我们用竹子做的大鸟骨架。每一个机幼人都令我难忘，幼儿园的小伙伴团结协作、相互托举，才有了如今机幼的傲人成就。

创新幼教　代代相传
—— 侯为君部长访谈录

侯为君部长简介

　　侯为君，男，1971年8月出生，江苏南京人，本科学历，幼儿园一级教师。1996年2月来到深圳，入职南山区教育幼儿园，2000年8月转入南山区机关幼儿园工作至今，从事幼教工作29年，工作认真负责，恪尽职守，多次被评为南山区先进教育工作者、幼儿园优秀教职工等。

———

　　20世纪90年代，经济特区是我们每一个年轻人都期待一睹风采的改革开放前沿阵地，我也不例外。1996年，我怀着强烈的憧憬前往深圳，结果机缘巧合之下，在南山区教育幼儿园遇到了适合的岗位，于是，我像千千万万的年轻人一样，留在了深圳这片热土。2000年8月，我转入机关幼儿园，工作至今。

　　最近这些年，深圳提出"来了就是深圳人"的口号，其实在20多年前，我就有这样的体会，有这样的感受：我来到深圳，就融入了深圳这个大家庭；

我来到南山区机关幼儿园，就融入了南山区机关幼儿园这个大家庭。

我来机关幼儿园经历的第一件重大事情就是搬迁，从较场路1号的老园搬到前海花园的新址。满怀对新环境的向往和期待，所有人都充满激情与能量。由于经费有限，也为了更好地保证搬运物品的完整性，大家干劲十足，所有物品拆卸、装车、搬运、安装都自行完成。让我非常感动的是，女老师们都不怕苦、不怕累，冒着酷暑搬运幼儿园的各种物品。在家，她们可能是爸爸妈妈娇滴滴的小宝贝，可是来到幼儿园，每一位女老师都像男子汉一样毫不逊色，让我非常佩服。

幼儿园女老师居多，男同志比较少。因此，我这样年轻的男同志就成了搬迁的主力军。无论多大的文件柜、活动柜，我们仅有的几个男同志一起先把它拆下来，然后从楼上扛下来，装车运走。那时候的我浑身充满力气，仿佛是一个大力士。我心想，女老师们都能这么卖劲儿，我还有什么不能的！每天干得汗流浃背，浑身臭烘烘的，甚至有时候来不及吃饭，但也乐在其中。

让我记忆最深刻的是，当时在老园那边有一些比较好的树木，大家非常喜欢，不舍得丢弃，于是想了种种办法，租来吊车，七八个男同志齐心协力把这些大树连根挖起来，硬是把这些树搬到新园。如今，20多年过去了，这些树已经长成了参天大树，枝繁叶茂，成为为我们遮风挡雨的好去处。它们见证了机关幼儿园不断前行的历程，陪伴着幼儿园共同成长，就像我们幼儿园的孩子们一样，不惧风雨、繁茂昌盛、欣欣向荣。

二

伴随着深圳特区的高速发展，学前教育也与时俱进地同步发展，机关幼儿园不断成长壮大，开办前海花园三期小班部，尝试公办管理民办园模式，接手管理南头城幼儿园，开办了公办分园阳光粤海幼儿园、招商领玺幼儿园，陆续接手了前海时代二幼、绿海名都两所民办园，机关幼教集团成立后新筹建了悦桂府幼儿园、天境分部、栖湾里幼儿园，逐步形成了机幼集团八园九址的办学规模。在这期间，幼儿园荣获了国家级基础教育教学成果奖二等奖等荣誉。

伴随园所发展，我也在不断成长，主管电教、信息方面的工作。幼儿园注重科技教育，我参与科技展馆的管理，和老师们一起进行各种创新科技小制作。课余时间，大家一起探讨，热火朝天。

我和老师们制作各种科技作品，比如升旗的旗杆、摩天轮、吊车等。和孩子们一起利用球杆拼搭做了很多趣味性强、操作性强、有创新力的科技产品。再后来，我们带着孩子们利用光、电、水和木进行创意制作，还引入了激光雕刻、儿童编程等。现在，幼儿园的创享空间里有很多连我们成年人都想不到的奇思妙想的科技作品，总是让参观者耳目一新，他们常常惊叹于孩子们的动手能力和创造力。

三

在我近 30 年的成长过程中，离不开园领导的栽培。李倩园长是一个有魄力的人，办事秉公无私，雷厉风行。是她对我的信任和认可，才让我能够入职南山教育，并跟随她一起来到机关幼儿园，服务南山区幼教。我也特别感谢杨炼红园长和刘红丽园长，是她们一直鼓励我努力向前，不断学习，不断创新，时时刻刻做一个有准备的人，帮助我逐步走上管理岗位。随着幼儿园不断发展壮大，我也承担了更多的工作，包括财务、后勤，担任了集团财务后勤部部长。

往事随风，时间一天天流逝，看着我们的幼儿园环境优美，充满童趣，处处都像一幅美丽的画卷，角角落落都充满孩子们的欢声笑语，我心里无比幸福、自豪。我常常暗自感慨，这就是我将奉献一辈子的地方，我从一个意气风发的青年，到今天人到中年，幼儿园的一草一木、一桌一椅都凝聚着我和同事们的汗水与努力。在这里，我感受到了家的温暖、欢乐和幸福。

在南山区机关幼儿园建园 40 周年之际，我祝幼儿园生日快乐，永葆青春与活力。期望在下一个 40 年，我们的幼儿园能够一直引领深圳乃至全国幼教发展的前进和方向，为国家和社会培养更多的栋梁之材！

医者仁心　尤爱孩子

——谢姝部长访谈录

谢姝部长简介

　　谢姝，女，1986 年 12 月出生于重庆，本科毕业于重庆医科大学，中共党员。后考入华中科技大学公共卫生学院深造，2013 年硕士研究生毕业，通过人才招聘入职深圳市福田区卫健局下属的健康教育所，成为正式编制的健康教育专员。2018 年 4 月入职深圳市南山区机关幼儿园工作，历任保健医生、课程观察员、党支部委员、机关幼教集团党务行政部部长。参与多项教科研项目并获奖，如南山区教育创新改革创新奖申报、机关幼儿园党支部高质量发展优秀案例申报，南山区课题"幼儿园保育工作精细化管理的实践研究"、"十四五"深圳市教育学会课题"幼儿运动能力与认知能力关系的研究"，国家级基础教育教学成果奖、深圳市融合教育优质案例二等次。曾任深圳职业技术大学学前教育专业外聘讲师、南山区教育局兼职督学，连任 3 届深圳市教育学会学前教育专委会讲师，参与幼儿园专著《幼儿园探究性学习环境创设》撰写，发表论文 5 篇。

———

　　我硕士研究生毕业后，在深圳卫生系统任健康教育专员，2018 年到南山区机关幼儿园任保健医生，这份工作着实让我惊喜。刚到幼儿园，我看到园所环境漂亮而精致、干净而整齐、热闹而有序感到十分欣喜。好几百个小朋友从一大早就开始在幼儿园里蹦蹦跳跳，欢声笑语荡漾在每一个角落，午餐后，孩子们睡着了，幼儿园又变得静谧祥和。初来乍到，我对这份工作充满了好奇心，充满了探索欲。

我入职幼儿园已经6年多了，现在，我的性格变得越来越开朗。每天早上看着小朋友们笑眯眯地叫"谢医生好"，我也乐呵呵地向每一个小朋友说"早上好"。到了假期，我也会回到幼儿园来看一看，园里静悄悄的，没了小朋友的欢声笑语，我还觉得特别不习惯，盼望着早点开学呢。

二

除了做保健医生，我还担任课程观察员。在日常工作和教研活动中，我常常观察和聆听老师们现场教学，学习园所的课程理念，用医学生的思维与老师们研讨问题。

有一次巡班的时候，我看到老师正在给小朋友们讲人体骨骼，发现在学习人体结构知识的图示中，人体骨骼的肋骨数量和前臂模型是错误的。于是我就和这位老师沟通，现场跟小朋友们交流起来，拉着他们的小胳膊说："看，我们的前臂是有两根骨头的。你摸不到，是因为有一根骨头大，有一根骨头小，而不是一根骨头。"在这个过程当中，小朋友们学到了正确的知识。课后，我带着老师们查阅专业资料、看视频进行学习，协助老师们丰富知识体系，将正确科学的知识第一时间传递给孩子们。

每个学期，我都会给老师们开展安全急救培训。比如，小朋友噎住了怎么办？流鼻血了怎么办？高热惊厥了怎么办？我将正确的应急思维和急救技能分享给老师们，把一日生活中每一个环节可能出现的安全隐患，都跟老师们做详细探讨，提前干预，有效预防。

每次到了户外活动的时间，我就会放下手头工作，到操场的角角落落去巡视。如果发现有地方存在安全隐患，就提醒老师们注意，同时，我会观察小朋友们运动中的状态。经过这么多年的锻炼，我只要看到小朋友的眼神，或者他走路的姿态，我都能对孩子的健康状况有所了解。个别有异常的，我会提醒老师对这个幼儿的体温、运动状况、午休情况进行重点关注和关心。

我还手把手教老师们学习海姆立克急救法，辅导老师们进行实践操作。我自己到深圳市急救中心拿了初级急救员证书，也鼓励老师们去考。老师们热爱学习，目前我园很多老师都有初级急救员证书，为全园的小朋友们牢牢树立起一道安全屏障。

三

做园医虽然不用带班，但也有和孩子、家长亲密接触的时刻，而且往往都是有突发情况的时候，因此，园医需有超凡的智慧和冷静的处理能力。

有一次，一个孩子喝水时跌倒了，他当时没觉得有多痛，没有哭，但事实上，他的头皮出现了一个小裂口。这个孩子上洗手间的时候摸自己的头发，发现有血，就哇哇大哭起来。老师赶紧把孩子抱到我这里。我马上给孩子做清创和止血，一边通知家长，一边带孩子去医院。

到了医院，给孩子打麻药的时候，他哭得很大声。孩子妈妈胆子小，不敢自己去抱孩子。于是，我紧紧抱着孩子说："只要你抱着谢医生，你就会没事的，你就会好的。"孩子在我的怀里，和我紧紧相拥在一起，不再哭闹。后来孩子的爸爸、外婆都赶过来了，看到我一直帮忙抱着孩子，而且孩子的情绪很安定，家长们这才放下心来。

从那以后，这个孩子每天来幼儿园的时候都会跟我说"谢医生，早上好"。有时候，来幼儿园的路上看到漂亮的小花，他还会摘一朵送给我，说："抱抱，谢医生，我要把小花送给你。"

后来，孩子的伤口愈合得很好，孩子的爸爸妈妈说："幸好谢医生处理得很及时、很到位。"作为园医，我感到很欣慰。

因为所学专业是儿童身心发展，我对幼儿心理行为发育尤其关注，到幼儿园以来，园所特需幼儿的案例追踪一直都由我负责。当新生入园筛查或班级老师发现有孩子出现一些特需的征兆，比如早期发育迟缓、自闭倾向、听力视力障碍等，会第一时间联系我，我就会随班跟踪，做出专业评估记录，将观察到幼儿的情况做好记录和分析后，进一步协助老师做好特需孩子的教学策略。在家园沟通中，我也支持老师去和家长沟通，积极促成园所、老师、家长和专业力量的合力，因为我深知3—6岁是特需孩子得到干预并进行有效矫正的最佳年龄段，这个阶段帮助特需的孩子去逐步实现有效融合，决定了他们未来的成长和体验。

这些年我观察的特需孩子中，印象最深刻的是中班插班的小峰，初到这所幼儿园的时候，他整整一天不吃不喝，也不说话，一有机会就跑出教室，老师们非常着急。我第一次随班观察，注意到小峰的衣服穿着混乱，袜子也不成对，无法对话，也无法眼神对视，后来随着深入观察，积极与家长沟通，我了解了小峰的家庭情况和当下特需重点，于是给老师们提供了初步的照护策略，随后积极促成第三方专业机构介入，为老师和家长提供进一步干预支持。老师们全身心投入，家长积极配合，经过一年半的共同努力，到大班毕业时，我看到小峰作为大班代表，在升旗仪式上完成了毕业生表演，脸上带着稚嫩开朗的笑容，我的眼眶也不自觉地发烫。

为了更好地帮助孩子们，近两年我接受了不同种类的专业培训，进一步提升了对园所融合教育的专业支持能力，逐步进入集团、学区的园所开展督导，协助老师们更好地接纳和从容应对特需幼儿融入，支持家长们更好地理解家园合作的模式和重要性，让每一个孩子都能快乐、健康成长。

四

幼儿园的教职工都很单纯、朴实、热心。我第一次来幼儿园时，走进小区迷路了，一位保安大哥专门到小区门口接我，后来我才知道他的名字叫任林。他热心指引我做登记，告诉我在哪个办公室进行面试，他温暖的笑容让我忐忑不安的心倍感踏实。这么多年来，保安大哥任林每天接待几百个小朋友、家长和老师，他的笑容总是令人如沐春风。

工会主席杨丽艳老师性格特别爽朗，对人非常热情，大大小小的事情她都张罗着。每次举行大型活动，她都主动全权负责，每次活动安排都特别周到。杨老师非常关心干部职工，无论是年纪大的老师生病了还是年轻人有情绪了，她都去跟大家一个一个聊天、谈心，帮助大家解决问题。杨丽艳老师是老一辈教育人，她乐观、包容、大度、无私，这些优秀品质值得我和大家学习。

已退休的办公室主任李穗云老师让我很怀念。她看起来很严肃，在工作中，她严于律己、认真负责，而在生活中，她和蔼可亲，笑容可掬。当幼儿园遇到比较重大的事情，需要做决策的时候，她都会协助园长把这些工作处理得尽善尽美，让我们感觉到有她在很心安。

美育润心　美好生活
——罗素民老师访谈录

罗素民老师简介

　　罗素民，男，1968年1月出生于陕西省岚皋县，本科学历，中级职称。1997年在深圳市南山区荔苑幼儿园任美术教师，2002年开始在南山区机关幼儿园任美术教师至今。为中国国家画院访问学者，中国美术家协会会员，广东省美术家协会会员，广东省中国画学会理事，深圳市美术家协会理事，深圳市中国画学会学术委员会主任，深圳市南山区美术家协会副主席，深圳市宝安区国画研究会副会长，李可染画院特聘画家，国家画院卢禹舜工作室画家，华夏湿地水墨画院研究员。

——

　　我是1997年来深圳的，就职的单位是荔苑幼儿园，做专职美术老师。荔苑幼儿园位于荔苑小区内，那是一个大社区，被学府路分为两边，幼儿园在一边的路边上，中间车水马龙，幼儿园夹在一东一西的小区里，显得热闹，但其实很安静。我在那里度过了5年时光，园所小巧精致，门口有大大的宣传栏，我就画大幅抽象的水墨画作底，上面再定期呈现孩子和老师们的作品，那时辅导的众多幼儿作品在全国、省、市、区获得了各项大奖，并在《美术》《少儿美术》《中国书画报》等报纸杂志上发表。我们还将其中优秀作品集结精印了一本《幼儿美术作品集》。

由于历史的原因和学前教育的发展，荔苑幼儿园解散了。我被教育局分派安排到了南山区机关幼儿园担任专职美术老师。从 2002 年开始，直到今天，20 多年过去了，我一直扎根在这里。我们园里还有一位美术老师——李潇池老师。我们很快就进行了分工，她负责油画教学及班级环境；我负责水墨教学及幼儿园户外环境，当然很多工作也是需要一起面对、一起商量的，特别是有外来参观接待、重大活动时，比如每年的科技节、"六一"展演、毕业汇报、教师节、中秋、国庆、元旦、新年等时间节点，都需要根据当下的需求去做相应的创作。这 20 多年，我们呈现出了很多美好温暖的场景、画面，每一位身处其中的人都曾被机关幼儿园的环创现场深深打动和感动过，正是因为每一个人都怀揣着向美、向善、向真之心，这种美的种子才有可能生根，我们才有深耕的可能性。而且历任园长都推崇美育，这也使机关幼儿园在环境和育人上能够进行深度探索与实践，走出自己独特的风格——自然、优雅，有艺术气息，有秩序。

二

2003 年，南山区教育局与中国美术家协会少儿美术艺术委员会合作，参加在德国柏林举办的勃兰登堡国际艺术节及中国美术家协会少儿美术艺术委员会学生作品的欧洲巡展交流活动。南山区政协副主席、区教育局副局长张效民和多位领导带领美术教研员、美术教师、部分家长和学生前往欧洲的德国、法国、卢森堡、荷兰、比利时这 5 个国家参加展览，前后一共 20 多天，时任园长的李倩亲自带队参加活动。

在法国巴黎的卢浮宫、奥赛博物馆，欣赏到了很多从文艺复兴到 18、19 世纪的世界名画；在蓬皮杜国家艺术和文化中心，欣赏了很多当代艺术作品。这次印象比较深刻的是欣赏到了很多印象派大师的代表作，当这些原本在教科书、幻灯片、画册、影视里的作品真真切切地呈现在我们眼前的时候，那种冲击力、那种兴奋感还是非常强烈的。我们曾经临摹过，曾经研习过、讨论过，以为对它们挺熟悉，其实有些作品挺颠覆的，技法上的厚薄、笔触轻重、色泽鲜灰、质感粗细、画中流露出的情感，都和我们以为的非常不一样，这也促使了我们回来后，常常组织老师们走进美术馆、博物馆、画廊去看画展，去郊外写生，去动手创作。

给我印象深刻的是荷兰凡·高美术馆，以及运河两岸几百年的彩色房子，还有伦勃朗的画室，在这些地方我看到了光线的流溢对空间及作品的影响。我们还看到了黑森林里面的小木屋掩隐在丛林中的布局、卢森堡落差极大的峡谷，这些片刻的感受都对我日后在环境创意，以及水墨教学方面产生了重要启示。传统水墨艺术如何与当下生活结合，也一直是我带领老师、孩子们去探索和学习的，我们在勃兰登堡国际艺术节上展出的作品，就是孩子们用传统的宣纸笔墨画出他们当下的所见所闻所思，很中国，也很世界。

这一场活动，对南山的美术教育起着巨大而深远的影响，也影响了我个人对美的鉴赏和美的领悟。回到幼儿园以后，园长带我们多次召开学习后的研讨会，我们决定把幼儿园的天台打造成美术教室，我和李老师各负责一间美术教室。李老师负责西画的研修，我负责水墨画的创作，天台就成了幼儿园美术活动基地，孩子们每周都能开展丰富多彩的美术实践活动，他们的作品出现在何香凝美术馆、关山月美术馆，还去了北京、上海等地展出。每学期幼儿园都会有国内外专家学者及老师来访，在环境的营造中运用得最多的便是水墨画，例如在一次中美教育研讨上，我带领老师们通过《和兰花在一起》的水墨画体验活动进行文化溯源，画他们生活中熟悉的兰花，有些老师还表达出想做一个谦谦君子的愿望。基于我们丰富的实践经验，在幼儿园园长的带领下，我们的教育教学成果《眼睛里的发现》（学苑出版社，2003）出版了，南山机关幼儿园的美术创意活动被收录进学前教育的美术教材。深圳乃至全国很多美术工作室都借鉴我们的课程，对幼儿进行系统美育教育。

三

我没有经历机关幼儿园的搬迁，我来的时候已经在前海花园。从李倩园长到杨炼红园长再到刘红丽园长，机关幼儿园传承得很好的一个特点，就是对环境的理解与造就、打磨与雕琢，年复一年、不遗余力地去争取各种资源支持。在我们不懈的努力下，中心庭院流动着诗意的情愫，南操场翻新后功能得到完善，小树林成为孩子们的乐园，天台花园实现巧妙的收纳以及与自然植物的融合，餐厅的人文气息扑面而来，音乐厅大气而优雅。自然环境和文化环境的极度协调是机关幼儿园非常独特的，也是我们有幸参与并见证的。前些年，我们受教育局委托，走出自己的幼儿园，去帮扶南山区很多所民办园，这几年机关幼教集团成立，旗下很多新园诞生：阳光粤海、招商领玺、世界花园、红树湾、绿海名都、学府二幼、粤桂府。

我们都热情地参与这些园所的校园文化建设中，出谋划策、精心设计，为园所顺利开园尽心尽力。目前我们参与到栖湾里、天镜、湾启紫金府、山樾湾的装修设计工作中，比如帮助这些园所进行选材选料、园所布局、空间合理利用等工作。

在幼儿园，美术老师这个角色负责引导大家发现美、创造美，以及会生活、懂生活。美就像一颗种子，越早种下它才越有可能会发芽生长。美不是美术课上讲的美，而是生活中无处不在的东西，小到怎样摆放一盆花，大到塑造孩子的人格。这些年我自己也是在不断的汲取中沉淀成长，前年有幸到中国国家画院，在时任画院院长卢禹舜先生门下访学一年，我们跟随导师走南访北，在大好河山中修炼笔墨和心性，也在深圳这座自己生活的城市里积极参与画院、美术家协会的各项工作任务活动中，所有这些经历最后都是对本职工作的最好回馈——只有自己这棵树成长了，才能在森林中和所有的树融为一体，甚至为小树、小苗、藤蔓制造风景。

四

在南山机关幼儿园工作的 20 多年，让我感受最深的就是幼儿园老师特别有爱心、有耐心、有包容心，有兢兢业业、无私奉献的精神。

老园长李倩热爱艺术，我们常常一起探讨，也曾一起去欧洲、日本，她支持园所艺术的发展，给我们提供了自在轻松又严谨细致的氛围。

杨炼红园长和我同岁，在同龄人里她做事大气，非常有魄力，有计划，不会去钻牛角尖，能有条不紊地把握好每个环节。她带领幼儿园走向成熟，成为深圳非常有影响力的幼儿园。

现任园长刘红丽，专业性强、有韧性，她是一个用生命、用情感工作的人，她精益求精的态度和精神，使其成为行业里人人赞誉的领军人物。

教育一线也有很多优秀老师：工会主席杨丽艳，东北人，天生幽默，她到哪里哪里都是欢乐的海洋，而在工作中严肃又严谨，收放自如，颇具个人魅力。

张峰老师分管保教工作，后来做工会主席，整个幼儿园大大小小的工作，哪里有事就能在哪里看到她的影子。还有跟我一起搭档的李潇池老师，她热爱工作，把美育和生活相结合，活出了自己的风格。

还有侯为君部长，他的工作宽泛而烦琐，但是他总是和蔼可亲，尽心尽力，深得老师们的喜爱，我为在这样一个集体工作而感到温暖和幸福。

五

南山机关幼儿园成立 40 周年了，从初建到发展，从一所园到现在的集团化，我们一天一天地见证了孩子们的成长，一年一年地见证了幼儿园的进步，我们对未来充满了期待，充满了希望。幼儿园不仅是我们职业生涯的起点，也是我们成长发展的园地。我希望我们幼儿园越来越好，每一个孩子都幸福，每一个老师都幸福！

脚踏实地　放飞梦想
——黄天骥园长访谈录

黄天骥园长简介

　　黄天骥，女，1971 年 1 月出生于湖南省长沙市，毕业于华南师范大学，本科学历，教育管理专业，中共党员。1992 年 8 月入职深圳市南山区机关幼儿园，是南山区机关幼儿园（集团）粤海分园首任园长。在 2017 年度专委会活动中表现突出，被评为深圳市教育学会学前教育专业委员会讲师团"优秀讲师"，在"南山区普惠幼儿园第二批对市、区环境展示交流活动"中，指导普惠园环境创设工作成绩突出，被评为优秀指导老师。

——

　　我出生在湖南省长沙市的一个书香家庭，幼师毕业后，按照中规中矩的路线，我应该顺理成章地在长沙市的某一所幼儿园或小学工作。1992 年的春天，邓小平南方谈话的号角吹响了中国的每一个角落，让我对深圳充满向往，我决心到深圳闯一闯。五一假期，我到了深圳。我面试的第一个单位是深圳市机关二幼。园长看了我的简历，经过面试，他表示满意，说："你愿意来我们幼儿园吗？如果愿意来的话，下午就来吧。"当时，我只身一人到深圳，心里非常紧张，就问园长："这儿能包吃包住不？"园长说："在幼儿园吃是有的，但是住呢，要自己租房子。"这可让刚刚落地深圳的我感到不安，只好跟园长说："那我还是考虑一下吧。"

接着我又到了深圳交通幼儿园，同样通过了面试，我呢，还是问了是否包吃住的问题，还是得到"包吃不包住"的答案，这可让我为难了，只好跟园长说："我再考虑考虑。"

正当我一筹莫展的时候，我的家人跟我说，深圳有一个刚成立的南山区，那里是改革开放打响第一炮的地方，未来那里将会是深圳发展最好的地方，你要不要去看看呢？

于是我就从市区坐上中巴车，摇摇晃晃两个多小时，来到了南头天桥，下面有个幼儿园。说来也巧，刚到幼儿园门口，我就遇到一位知性的中年女性，她个子小小的，骑着一辆很大的自行车。她正准备进幼儿园，我就对她说："老师，你好，我是来应聘的。"

没想到，她就是南山区机关幼儿园第一任园长朱济云园长。

朱园长上下打量了我一番，很热心地说："既然来都来了，就进来看看吧。"

我进幼儿园一看，园舍是规规整整的L形建筑，虽然不是我想象中城堡那样美丽的儿童乐园，却也感觉很温馨。

朱园长把我带进去以后，直爽地跟我说："你来晚了一步，今天上午我已经面试了一个老师，这个小姑娘很优秀，我们打算要她了。"

我从小就是一个优秀学生，性子不服输，这会儿我的好胜心又上来了，我诚恳地对园长说："园长，我是从湖南过来的，大老远来都来了，要不然您给我一个机会，考验一下我。如果考验过后您看不上，我也没有遗憾，至少您给了我机会。"

朱园长看出了我的恳切，说："那好吧，你来展示一下自己。"

于是我被带到音乐厅。过一会儿，陆陆续续又进来几位老师，后来我才知道，这当中就有杨炼红园长。面试中，我展示了唱歌、跳舞、讲课等技能，正当我跳着舞的时候，音乐厅外面来了一位女性，后来才知道她是南山区妇联主席，我记得她姓毛。

只听到她在音乐厅外面大声说："这个姑娘不错，就要她了，就要她了！"面试过后，朱园长对我说："小姑娘，你真棒，你留下来吧。"就这样，我来到了深圳，来到了南山区机关幼儿园。

二

深圳是一座包容度极高的城市，会给每一个有梦想、有追求的人展示的平台。我在南山区机关幼儿园一步一个台阶，自己的能力在不断提升。

刚来的时候，我第一个学期做配班老师，第二个学期做班主任。这里有非常多学习的机会，我多次前往北京、上海、南京等地学习，幼儿园也经常请各种各样的专家给我们做讲座，指导我们做课题、做活动区角，这些机会让我的个人能力得到了极大的提升，我也有幸当选南山区优秀教师、深圳市优秀班主任。

当时深圳市要选拔学前教育精英讲师，幼儿园推选了我。面试的时候，专家问我："关于幼儿的数学教育，你有什么样的见解？"我当时都有点蒙了，我是一个一线教师，如果讲哪一堂课怎么上，那我可能现场就能进行讲课，可是放在一个很高的视角，让我去讲幼儿数学教育，这个问题我还真没想过。我落选了，落选得心服口服。这件事情给我很大的触动，我心里想，一位一线教师，要想让自己在学前教育领域有更大的贡献和成绩，一定要站在更高的视野去看待学前教育。于是我对自己提高了要求，广泛阅读专业书籍和期刊，更多地开阔自己的视野，不放过每一次学习的机会，要求自己站在更高远的角度看待学前教育。在领导的指导下，在自身的努力下，我后来当选为广东省学前教育讲师团精英讲师。

三

在日常工作中，我养成了写教育笔记的习惯。我经常使用 QQ 空间做记录和分享。在我的 QQ 空间里，基本上都是每天的教育心得、教育体会和教育笔记。

再后来，普及了电脑和手机，只要我有时间或者有感悟，都会在电脑和手机上记录下来。正因为有这么多的教育实践和教育感悟，所以当我进行教育总结的时候，素材就会非常丰富。

在我担任深圳市优质特色示范园的视导员和南山区学前学区教研员的时候，每次视导或教研中，我一边活动，一边记录，跟每一位老师、每一所幼儿园进行交流，我的反馈都非常细，让听的人和看的人都能有所受益。

四

伴随着深圳市的教育改革，南山区机关幼儿园也日益壮大，我就任南山区机关幼儿园（集团）粤海分园园长。我秉承着两个核心关键词，第一个核心关键词是尊重。首先，尊重幼儿。比如，跟孩子交流的时候，要蹲下来跟他同一个高度。其次，尊重自己的同事。每一个人有自己的个性、生活习惯和爱好，我们只有互相尊重，才能够在集体里面更好地发展。第二个核心关键词就是和谐。在尊重的基础上，共同工作，共同学习，共同进步。幼儿园确定发展方向、发展目标、发展路径后，希望这里的每一位教职工都能在工作中找到自己，实现自己职业理想的同时也实现幼儿的成长目标和幼儿园的总体发展，大家共同组成一个和谐的工作团队。我担任园长以后，在创办粤海分园的过程中，我不是一个人在战斗：区委、区教育局想各种办法为我们创设条件；刘红丽园长也一直在背后支持、鼓励我，每当我在工作中有困扰，她总是为我排忧解难；还有幼儿园的其他老师也不遗余力地帮助我，她们当中诞生了一批勇于担当、不计得失、乐于奉献的年轻人。上面有领导的支持，又有刘园长的鼓励和老师们的配合，我们形成了一个和谐的大集体，粤海分园成为南山区冉冉升起的一颗新星。

祝福机幼　明天更好
—— 李穗云主任访谈录

李穗云主任简介

李穗云，女，1987 年毕业于广州幼儿师范高等专科学校，1989 年 8 月调入当时还叫南头区机关幼儿园的南山区机关幼儿园，工作期间曾担任班主任、年级组长，2013 年 8 月起被任命为中层管理人员，任保教主任、办公室主任。曾荣获深圳市优秀班主任荣誉称号，担任《科教环境下幼儿探究性学习研究》项目核心成员，主持南山区科技创新局教育科技项目《科教环境下幼儿探究性学习操作室创设与实践的研究》。2023 年 4 月到龄退休。

——

我 1987 年 7 月从广州幼师毕业，在广州工作两年后，1989 年 7 月参加了深圳特区第一批由深圳党校组织的干部调动培训班后，通过考试和组织审批正式调入机关幼儿园，在园深耕 34 年，平凡普通，却幸运地成为特区幼教的建设者。

20 世纪 80 年代后期的南头区正在大力建设基础设施，建设速度很快，处处呈现出朝气蓬勃、欣欣向荣的景象，体现出名不虚传的深圳速度。当时的通信工具只有座机电话，连 BP 机都是奢侈品。大家来自五湖四海，一群年轻人离开温暖舒适的家，来到这座人生地不熟的城市，有抱团取暖的需要。幼儿园的宿舍就在教学楼的 3 楼，教职工都有一种以园为家的感觉。我们之间的相处简单友好，不管哪个宿舍里有好吃的，大家都会一哄而上，一抢而光。刚成家的老师，对我们这些住宿舍里的年轻人特别关照。一到周末就会邀请我们去他们家里改善生活，生活条件虽然有限，但五湖四海一家人，大家同甘共苦，其乐无穷。

二

刚到深圳，我们有诸多不适应。朱济云园长是我们工作生活的领航人，园所迁到前海花园前，幼儿园地处当年最繁华的南新路，我们这群离开家没有了父母约束的大孩子，晚上会到街上玩到很晚才回宿舍。当时正值改革开放前期，社会治安不太好，我们肆无忌惮的行为被发现后，她就像妈妈一样教育我们，告诫我们交友要谨慎，并要求门卫保安晚上 10 点准时关大门，有效地约束了我们的行为，保证了我们的安全。只有 30 多岁的她已经被我们叫园长妈妈了。

幼儿园的原址是在南头较场路 1 号，南头区的中心地带，离深南路也只有百米的距离，交通便利，刚开始只有 6 个班，3 层楼房，后加建至 4 层楼，增加到 9 个班。有独立的音乐厅建筑层，当时的名字是南头区机关幼儿园，是南头区妇联的直属幼儿园。这里有宽阔的操场，孩子们能肆意奔跑，游乐园里有孩子们怎么也玩不够的大型滑梯、摇摇椅、转转盘等游乐设施。这里也成为我们这些大孩子晚饭后分享趣事见闻的地方。当时幼儿园备受重视，名气不一般，有良好的社会资源，再加上地理位置优势和政府的支持，已然一位难求了，直至今日。

三

除了工作，园长很重视我们的身心健康、团队建设。当个人健康和家庭出现问题时，她会及时地嘘寒问暖。园长会利用寒暑假带领大家出游，离开工作岗位的大家个性得以彰显，有的老师很幽默，有的老师很热心，同事间相互照顾，相互了解，加强了友谊，为后续工作的配合形成默契。

在历任园长的引领下，我在园所工作的 34 年里，有幸见证了园所的成长和发展，记得参与区级、市级、省级评估时，我们加班加点，规范化编制评估材料，为了达标共同努力，大家挑灯工作的情景至今还历历在目。虽然很累，但是没有人觉得很苦，没有人抱怨，良好的工作氛围、积极的工作热情，在一次次评估中，全园上下教职工都得到了成长、收获了成绩。从区级、市级评估到省级评估，幼儿园不断改革教育方法、创新教育形式，一步一个脚印，不断形成了良好的办园理念，教学成绩结出累累硕果。回忆所有的付出和所得，我不由心情激动，无怨无悔，并为园所成为行业标杆而骄傲！

10 周年、20 周年、30 周年园庆，我均参与了全过程。10 周年园庆的时候我是班主任，主要负责带着本班的小朋友们排练节目，积极配合全局，完成工作任务。20 周年园庆，担任年级长的我负责统筹安排所有的场景、幼儿节目、老师节目，力求高标准达到预期。30 周年园庆时，我是保教主任，园方请了专业团队做园庆策划，我负责后勤保障工作。3 次园庆的规模和规格都有质的飞跃。园庆是幼儿园整体成果的集中展示，既提升了幼儿和老师们的风貌，又展示了我园的风采。

我园每年都参加南山区广播操比赛、健身操比赛，园长亲自挂帅，训练都是在下班后，园长督阵、亲自示范，要求每个人的动作标准一致，训练时一个简单的手臂动作甚至都会拿着尺子去比。这种一丝不苟、精益求精的训练要求，让我们丝毫不敢马虎。在初赛、复赛、决赛中，每次机关幼儿园亮相，评委们都耳目一新，每次都名列前茅，闻名南山。后来，上级提高要求和标准，慢慢发展成健身操大赛，我前几年还参加，后面年龄大了就退到后面做后勤服务。代代相传的严谨作风从未改变，年轻老师也始终干劲十足，认真训练，风采依旧。

2013年，我从一线老师上升至中层管理，担任保教主任后，工作性质有了变化，从一线实操变成为班级服务，既是机遇也是挑战，各项资源的配备得尽量考虑全面，区域建设、环境建设所需物品需提前计划、分批购置，更需做好财产的分配和记录，尽量给班级及各部门提供有效的支持和服务。通过提前申报、部门审批，有效避免了浪费，也使幼儿园财产管理和资源配置更合理化。转岗为办公室主任后，考虑得就更多了，需要为园长排忧解难、为教职工谋福利、稳定队伍建设、做好对外接待，从上至下、横向纵向，上传下达。集团化管理初期，我协助领导建立集团的规范化管理、制度建设，积极思考、建言献策，为园所发展壮大出自己的一份力。

回望过去，一件件大事、小事呈现眼前，历任园长都有运筹帷幄、决胜千里的决心，用先进的思维、超前的理念，营造良好的园所文化，扎实推进园所建设。正是一代代人奋力传承，取得的成绩才得以引领行业，成为标杆。

姐妹双花　乐教英语
——杨丽艳、杨丽梅老师访谈录

杨丽艳、杨丽梅老师简介

　　杨丽艳，女，1971 年出生于黑龙江省哈尔滨市，大学本科学历，毕业于哈尔滨师范大学英语专业，幼儿园一级教师，中共党员，1995 年 10 月调入深圳市南山区机关幼儿园任教，历任英语专业教师，党务工作者，工会主席。曾获得深圳市优秀教师，南山区优秀教师，南山区优秀党务工作者、优秀工会主席。

　　杨丽梅，女，1972 年出生于黑龙江省哈尔滨市，大学本科学历，毕业于哈尔滨师范大学英语专业，幼儿园一级教师，中共党员，1993 年调入深圳市南山区机关幼儿园任教，历任英语专业教师，行政干事。曾获得深圳市优秀教师。

——

　　南山区的学前教育一直走在前列，南山区机关幼儿园也齐头并进。从 1993 年开始，南山区机关幼儿园就已经有专职英语教师，我的妹妹杨丽梅就职于此岗位。妹妹杨丽梅只比我小 1 岁，我们一同就读于哈尔滨师范大学英语专业，又一同来到深圳做英语老师，不同的是，妹妹丽梅从一开始就在南山区机关幼儿园工作，而那时候我正在南头城小学任英语教师。

恰逢南山区机关幼儿园进行市一级幼儿园评估，妹妹丽梅负责展示英语教学活动，可是好巧不巧，妹妹扭到脚了，没办法上课，这令朱园长一筹莫展。非常巧合的是，有一次朱园长参加区级活动，来到南头城小学观摩了一节我的英语课。

朱园长特别细心，她走过来，说："我怎么觉得你好像一个人？"

我就问："像谁呀？"

她说："你长得特别像我们幼儿园的英语老师杨丽梅。"

我不好意思地笑了："园长，她是我的妹妹，我是她的姐姐。"

朱园长如获至宝，说："你妹妹的脚扭了，我们的英语课又没法取消，因为英语是我们幼儿园的特色教育。要不然，你来替她上这节课吧？"

我有点难以置信，问朱园长说："我能行吗？"

朱园长鼓励说："我看了你的课，你肯定能行，来吧！"

就这样，在南山区机关幼儿园的市级评估当中，我完成了这一节英语活动的展示，并得到了专家们的好评。

后来，朱园长跟我说："要不然你到我们幼儿园来做英语教师吧？"

我有点不好意思地对朱园长说："我来是可以，但是能不能帮我解决编制问题呢？"

朱园长说："可以的，没问题，你来吧！"

就这样，我被调入南山区机关幼儿园，和妹妹杨丽梅一同做了英语老师。这就是后来南山区学前教育界津津乐道的"南山区机关幼儿园英语姐妹花"。

感谢南山教育人的抬爱，感谢朱园长这一位优秀的伯乐，让我和妹妹丽梅有机会终身服务于南山，从事我热爱的幼儿教育工作。

二

　　我和妹妹丽梅白天在一块工作，下班一块回家，每天有说不完的话，我们聊天的内容无非都是"今天我班上有一个好可爱的孩子怎样怎样""这个孩子又提出了一个怎样的问题""我在上课时又跟孩子们有怎么样的互动""我觉得这个方法挺好的"之类的探讨。我们总是没完没了地一起讨论幼儿英语教育的方式方法。

　　妹妹丽梅擅长小班的英语教学，她面对那些刚入园 3 岁的小孩子们，总是有各种各样的奇招能够牵引着孩子们的视线，带动着孩子们跟她一起玩、一起学习。

　　而我呢，比较擅长中大班的英语教学。我本身喜欢唱歌、跳舞，性格比较活泼。于是，我就把我的性格特点融入幼儿的英语教学活动当中，不是死板地去教他们念英语，而是创设情境，让他们通过角色扮演或者情境游戏的方式来学习英语。

　　比如教家庭成员的时候，我就不会叫他们一个一个对着图片念单词，而是进行角色扮演。你扮演妈妈，他扮演爸爸，你扮演哥哥，她扮演妹妹，你扮演奶奶，他扮演爷爷，通过创设生活情境和角色扮演的方式让孩子们在实践中学习。

　　我还会把一些经典的童话故事，比如《皇帝的新装》《老鼠嫁女》等改编成英语短剧，让孩子们穿上漂亮的服装，制作精美的道具，通过英语短剧表演的形式让孩子们在轻松活泼的氛围中记住日常英语短句。

　　有时候，我也会把英语教学和美育相结合。比如，在认识颜色的时候，我就通过实际操作来让孩子们观察颜色的变化，一边学习英语单词，一边观察颜色的变化，并且把这些调制出来的颜料送到美术活动室。在美术老师的引领下，孩子们用自己调制出来的颜色画画。当孩子们把自己在英语课上调制的颜料用作画画的时候，他们又获得了一次学习的机会。就这样把英语学习和美育教育相结合，达到了非常好的融合教育效果。

通过这些活泼有趣的方式，激发了孩子们学英语的兴趣，以至于他们上了小学、中学甚至很多年后，他们的家长回过头来跟我说："我的孩子一直都非常喜欢学英语，学英语没有难度，就是因为孩子在幼儿园期间对英语产生了浓厚的兴趣。"

作为英语老师，我虽然不像班主任老师或者其他带班老师那样和孩子们朝夕相处，但是，从孩子们对英语的热爱态度和后续家长的反馈中，我也收获了非常幸福的成就感。

三

南山区倡导教育和国际接轨，非常重视幼儿英语的学习，南山区机关幼儿园响应政策，新增英语专职教师，我和妹妹丽梅也转岗了，我担任工会主席兼党务工作者，妹妹在办公室担任行政干事。

在新的岗位上，妹妹丽梅依然是一个非常认真的人，其中有一项工作就是负责招生。由于学位紧张，报名的人数过多，很多幼儿不能入园就读。那时候，妹妹的电话不分白天黑夜总是响个不停，要么是家长来咨询的，要么是家长来抱怨的，还有的家长根本就控制不了情绪，有的哭，有的闹，甚至有的骂。妹妹在这方面处理得非常好，无论家长的情绪怎样，她总是非常耐心地给家长们讲解，跟家长说明政策，让他们理解。有个别家长听说自己的孩子没被录取，直接跑到教育局去投诉。妹妹得知消息以后，就前往教育局，耐心给家长做解释工作，安抚家长的情绪，让家长能够理智看待学位和录取情况。我有时对妹妹打趣说："妹妹，你就是一个消防员呀！"

南山区机关幼儿园最多的时候有 770 多名幼儿，需要核对家长信息，给他们发放成长补贴，身份证号码和银行账号，一个数字也不能错。妹妹丽梅特别细心，做出来的资料干净、整齐、准确。每次把这些发放补贴的表格送到教育局的时候，财务都会表扬说："就你的表格做得最好了！"

我转岗到工会主席的岗位，同时负责幼儿园的党建工作。我自己也是干一行、爱一行、钻一行。

在履行工会主席的职责中，我主要帮助领导解决团队危机，增强团队的凝聚力和向心力，负责组织各种活动，让老师们感到贴心、感到温暖。生病的老师，我会每天问候，多多关心，帮他们解决生活中的困难；对待退休老师，我每年都会组织活动，欢迎他们回来，让这些退休老师们感受到，虽然退休了，可是他们依然是我们南山区机关幼儿园的重要一员，给予他们充分的尊重和关怀。

在党建工作这一块，我也做得细致。比如，以党带团，培养新生力量，定期发展党员，开展党员学习，做党员主题日活动。每一项工作，我都把材料写得仔仔细细、认认真真。我一手抓党建，一手抓工会工作，帮园长排忧解难，起到良好的互补作用。

我和妹妹丽梅虽然已不再担任英语教师，但我们在新的岗位上依然兢兢业业，做出自己应有的贡献。

四

说起我在幼儿园最佩服的人，第一个就是朱园长。在她身上，我看到了雷厉风行的行事作风，做事从不拖沓，干净利索。

从李园长身上，我学到了对专业的追求，不随波逐流，教育教学追求个性化的发展，从而促进了我自身专业的成长。比如，英语特色课程、英语特色活动，我都得到了李园长手把手的指导，这让我在英语教学中形成了独特的风格，得到了大家的肯定和认同。

杨炼红园长对老师们非常关心，对教育教学的改革大刀阔斧，对大型活动高规格对待，对教育教研高标准要求。她不遗余力地派老师们外出学习，同时，请专家们来幼儿园指导。这种内培外引的举措，让幼儿园教职工的专业能力提升到了一个新高度。

刘园长带着我们机关幼儿园蒸蒸日上。她尊重我们每一个人的个性，从不强求我们非得做得多么突出，她希望我们踏踏实实做人，认认真真做事，做好每一件细小的事，关心每一个孩子。

四十不惑　机幼向好

——张峰主任访谈录

张峰主任简介

张峰，女，出生于 1969 年 8 月，毕业于湖北师范学院教育学专业，完成西南大学课程与教学论研究生课程，获小学高级教师职称。先后在总后军事经济学院幼儿园、深圳市宝安区机关幼儿园、南山区教育幼儿园、南山区机关幼儿园任职。广东省教育学会学前教育专业委员会第四届讲师团骨干、深圳市教育学会学前教育专业委员会第四届讲师团讲师、深圳市学前教育"苗圃工程"名师。曾获广东省教育教学成果一等奖，获奖成果为《幼儿园科学探究活动课程——基于十九年的建构与实践》、深圳市第二届幼儿教师技能大赛教玩具制作比赛一等奖、论文《万花筒的秘密》获广东省幼儿教育论文课例交流二等奖。曾获得深圳市优秀教师荣誉称号。

——

1987 年，我成为一名人民教师，在总后军事经济学院幼儿园工作。改革开放的春风吹遍了每一个角落，我忠于自己的内心，怀揣着青春的梦想，为了更好地实现自我价值，我来到了令人向往的深圳。来到深圳以后，我毫不犹豫地选择了最喜欢的幼儿教育工作。2002 年，我入职南山学前教育领域，一直到 2024 年退休。这 20 多年的岁月，有我和小伙伴们青春飞扬的欢乐，有我和幼儿园共同成长发展的喜悦，也有我和大家携手开展教育科研的成就感，更有成为学前教育名师的获得感和幸福感。

二

记忆里有一件令人印象深刻的事，当我还带班时，正值学前教育开展新课程改革实践和探索，教育局给了我一个很好的成长平台：教育局派专业摄影师来到我所带的班级，春夏秋冬四个季节各进行一次从早到晚全天的活动实录。通过这种非常真实的现场拍摄，大家能看到幼儿和老师真实的生活状态和学习状态，既能看到老师的引领，也能看到孩子们的探索。

负责拍摄的老师水平很高，他们精准捕地捉到老师和孩子每一个对视的眼神，每一个动作。孩子无法完成任务时的焦灼；老师随机应变，对孩子进行及时到位的指导；当幼儿完成任务以后，老师给孩子的拥抱和孩子纯净而快乐的笑容，都被他们敏锐地观察和拍摄到了。

通过这样的拍摄，可以完整观察到我们实施幼儿教育指导的状况和我们课程改革真实的落实情况，为后续总结课程改革的成果提供了非常有力的佐证。

度过一次春夏秋冬，度过一年四季，我和孩子们都增长了一岁，也增长了一份成熟的阅历。

三

在我的职业生涯中，李倩园长、杨炼红园长和刘红丽园长都给予我无限的鼓励和信任，我的内心充满对历任园长的感恩。刘红丽园长见证了我从青春时期到退休生涯全过程，她是一个有人格魅力、值得我尊敬的幼教工作者。每天最早来幼儿园的就是她，夜幕降临的时候，唯一闪烁着的那一盏灯，依然是她办公室的那一盏。南山区机关幼儿园能有今天的发展，是刘园长用"身正为师，德高为范"的高尚品德引领着我们才获得的。

在硬件建设方面，刘园长全心全意考虑孩子们的安全，考虑孩子们的成长需求，对幼儿园整体环境进行更加科学、更加合理的设计及规划。哪怕只是一根柱子的摆放，她都要仔仔细细、前前后后地观察、考量，反复分析、论证，使它达到最好的效果。幼儿园门外的绿植组合起来看上去像北欧的花园那么精美，实际上它是由 2017 年台风"海棠"过后刮倒的大树做成的装饰品。进入幼儿园，左侧那些高高低低的铁柱子，经过刘园长带领老师们精心装饰后，成为幼儿进行攀爬的娱乐场地。可以说，幼儿园的每一处环境设计，都离不开刘园长别出心裁的思考。

刘园长的高尚之处还在于她不遗余力地扶持年轻老师成长。她带着我们大家做了一个又一个市级、省级、国家级课题，让我们不只是在一线做老师，还让我们努力做更好的自己，通过做教研、做课题，提升我们的水平，开阔我们的视野，让我们成为专家型教师，成为区级、市级名师，甚至成为省教育学会学前教育专业委员会的骨干讲师。刘园长在这里培养了一批又一批年轻人，老师们像一颗一颗蒲公英的种子，飞到各个幼儿园，成为分园的园长和其他各园的园长、骨干。南山区机关幼儿园（集团）有如此蓬勃向好的发展，离不开刘园长这位德行高尚的引路人。

四

在咱们幼儿园，我特别敬佩两位造诣深厚的美术方面的专业人才李潇池、罗素民老师。这两位美术老师一个擅长西洋画，一个擅长国画，他们强强联手，中西合璧，把幼儿园美术功能室打造成美的天堂、孩子们的乐园。两位老师非常乐于奉献，我们在进行环境布置的时候，他们总是不遗余力地给予指导，甚至亲自帮我们画、帮我们做，让每一个班级都有自己的特色。罗老师和李老师不仅是美术教师，他们自己也是美的化身，一看就具有艺术家知性、典雅的美，他们在生活中也是如此，每每看到他们就让人感觉如沐春风，让人看到他们从内到外的、自然纯净的美。他们把生活的美与幼儿美育工作融为一体，浑然天成。南山区机关幼儿园能够有这样的人才是我们的荣幸，我能和这样的同事共事多年，也是幸运而幸福的。

我感觉特别好的还有刘晓颖副园长，我们俩曾在一个班级工作。晓颖虽然非常年轻，可是她乐于求知，做事认真，富有钻研精神，未来具有很强的可塑性和很好的发展前景。我相信，晓颖副园长会在不久的将来，成为我们南山区机关幼儿园的一面旗帜，成为更多年轻老师的榜样。

五

40年前，机关幼儿园开始服务于南山教育，它像南山区幼儿教育的一颗种子，开始破土发芽，之后茁壮成长，最后开花结果。在南山区机关幼儿园，活跃着一群踏实肯干的中年骨干，活跃着一群富有朝气的年轻老师，还有一批又一批聪明可爱的孩子。如今，机幼四十不惑，一切向好，相信南山区机关幼儿园在一任又一任园长的带领下会越办越好！

艺术人生　融合之美
——李潇池老师访谈录

李潇池老师简介

李潇池，女，1992 年毕业于四川理工学院美术教育系，2018 年取得华南师范大学教育管理专业本科学历。1993 年至今在深圳市南山区机关幼儿园任美术专职教师，小学高级教师，南山区精英教师。2003 年随中国美术家协会少儿美术艺术委员会到德国参加勃兰登堡艺术节并访问欧洲五国，开展艺术采风。2006 年被评为南山区第二届课程改革学科挂牌教师，2007 年参加深圳市南山区骨干教师赴英国 Canterbury Christ Church University（坎特伯雷基督教会大学）进修学习，2009 年被广东省教育学会学前教育专业委员会聘为讲师团培训师，2019 年获得瑞典 NCS 色彩系统颁发的色彩培训认证证书、澳大利亚 Colour-Ed 颁发的"色彩专业学习"的结业证书。参与深圳龙华和平实验小学环境设计比赛，获 AEEDA 2022—2023 年度学习空间设计金奖。2002 年主编幼儿油画作品集《孩子的画音》，2005 年策划儿童个人画集《蝴蝶自由飞》。

参加机关幼儿园《二十四节气文化情景式行动探索》的创意指导工作。曾在《南方教育时报》艺品汇专栏上连载世界名画赏析的文章，发起艺术沙龙，成为南山图书馆声音图书馆六月导读者。

在简单生活空间、角咖啡等机构和艺术场所策划艺术家作品展，发起一庐艺术沙龙，无偿传播艺术及生活之美。

一

2024 年 9 月，我从南山区机关幼儿园光荣退休，我的整个职业生涯都在深圳，这里，有我的青春、我的梦想、我的欢乐，也有我些许微不足道的成绩。结缘深圳，对我来说，是偶然，亦是时代使然。

1990 年和 1991 年的春节我都是在深圳姐姐家度过的，那时，爸爸、妈妈和姐姐一家人都在深圳，自然而然地，我大学毕业后来到深圳工作。

我是学美术教育的，最初在一个美术机构任职，每周去几所幼儿园上课，其中就有南山区机关幼儿园，而机关幼儿园刚好需要专职的美术教师，于是就这样顺利留下了。因为这个偶然的停留，就一直走过 32 年。

二

我的职业成长与四任园长息息相关。朱济云园长引领我入职南山区机关幼儿园，这一阶段是我对南山区学前美术教育的初涉、尝试和适应阶段。最初，我负责带兴趣班，为班级环境做装饰型的主题墙面。我没有停留在纯装饰上，而是将古今中外经典的艺术家及作品带入班级的环境中，从艺术的角度为老师和孩子们打开了一扇了解世界的窗。我还有一部分工作是为各类表演设计演出服装、道具、海报，和大家一起迎接市级、省级评估。我带着孩子们参加市少儿花会，省级、国家级绘画大赛，辅导孩子们的作品频频获奖。我个人在这个阶段渐渐成熟起来，也获得了全市教师技能技巧大赛艺术组大奖。其实，我不过是一边做一边思考，在不断地尝试探索中，用很多的时间累积出自己对这个行业最基本的尊重，对自我价值的追求，这是一个充满年轻活力又懵懵懂懂的时期。也许我们是经历过 20 世纪 80 年代理想主义洗礼的一代人，早早就明白，无论在哪个行业，最重要的是自己去追求和践行心中所想，并建立自己的职业修养和专业素养。

在李倩园长的带动下，我快速成长。教育局教研员戴高桃老师鼓励我开展油画课题，经过三年的探索，在老师和家长的共同努力下，孩子们能调出非常美的颜色，能用他们的笔触来表达他们的情感和生活，他们的作品得到很多艺术家的肯定，其中旅法艺术家王衍成先生还专程到幼儿园观看并鼓励孩子们进行创作。我们俩也非常有缘分，后来在巴黎把《孩子的画音》这本画册送给他，他如今是法兰西的院士，艺术成就非凡。"做一个专家型的教师"，这是李倩园长对我们的职业规划。《孩子的画音》《眼睛里的发现》都是李倩园长时期出版的作品。孩子的眼睛能反映出他所看见的周围世界。他们的眼睛在追逐一片叶、一朵花、一只鸟、一个人的时候，心里已经幻化出许多相关的故事来。这些故事大都来自他们熟悉的人和事，平时的生活和场景，他们作为一个小小的社会人，一切活动都可以被当作绘画表达的内容来展现。他们不厌其烦地在画中与自己对话，解开了许多好奇，排除了好多疑惑，他们用眼睛建立了和这个世界交流的轨迹。

在杨炼红园长的鼓励下，我考入了广东省学前教育讲师团，开始履行一个幼教人的职责，有机会去为这个行业释放更多的能量和价值。我受到园领导、教育局委派，和罗老师一起去帮扶很多幼儿园，我们的工作重点由此转型，更多地投入到校园文化建设中。《幼儿园探究性学习环境创设》这本书中有详细记录。也是这个时期，我感受到一直在输出的，而无艺术技能之增益的艺术匮乏感，在杨园长的支持下，我开始了游学之旅，大气开明的历任园长知道我们专业的特殊性，为我们提供了更广阔的视野和空间，让我们走出幼儿园，去江南、台北，以及去日本，虽然都是自费，但园所给了我们时间。我们首先得把自己的通感体系建立起来，才有可能更好地回馈到幼儿园的美育教育体系里。

我和刘红丽园长是前后脚来到机关幼儿园的，她是从一线成长起来的优秀园长，也是用生命的激情来诠释职业生涯的好园长。在她的带领之下，机关幼儿园更上一层楼，在这个过程中，她自己也历练成一名专家型园长。我们始终配合默契，我理解她尽善尽美的追求其实包含着不负众望的决心和毅力。几任园长如同交接接力棒一样，每一棒都是扎实而坚韧的，将团队的精神力量一以贯之地传递、传承着。

在很长一段时间里，我、罗老师与各个班级紧紧联系在一起，班级环境也经历了从装饰到表征到与主题项目同步的变化过程。我们的任务就是要协助老师们在实现主题环节进展或项目探索过程中，满足环境创设以及表达上的需求，确保这些环节不会脱节，几乎每一个教室的每一轮变化，我们都了如指掌。《光影城堡》《一叶龟背竹》《向日葵》《自行车》《一池荷塘》等经典主题教室，都凝聚了我们许多画龙点睛的建议。

机关幼儿园自千禧年搬迁至前海花园后，就开始了不遗余力的校园文化建设，一砖一石、一花一草、一树一景，可以说都遵循了自然赋予这片场地的特质。这里经过精心雕琢而成，我们也曾几次请海归专家来设计，但设计稿出来后都不尽如人意，杨园长拿着设计稿来找我们，最后还是我们自己团队上。杨园长戏说："还是我们自己的草台班子强。"那时我们用瑞士大画家克利的作品改造了机关幼儿园城堡的各个墙面，将这个元素贯穿到大门、风雨长廊、游泳池、天台水流等各处。那个时候，我们就知道一个幼儿园要有自己独特的语言，就像后来的一系列分园，如阳光粤海的柠檬、世界花园的绣球花等。刘园长上任后，我们改造了南操场、天台花园、感统天台，孩子们有了洞穴与木屋、爬笼与吊环；有了果树、芳香植物、多肉植物、蔬菜瓜果，我们顺理成章地用这些实物做美术植物课题。机关幼儿园以天然趣味为特色的儿童视角，耐看耐品耐人寻味，不显不炫不张扬。如何将美恰如其分地融入这个独特环境，形成一种独特的风格，是我们一直深思熟虑和执着求索的问题，如今的结果，令全体教职工、家长、孩子们都十分满意。

职业生涯进入最后四年时，我有幸成为南山区精英教师，被教育局派遣到波托菲诺幼儿园担任艺术指导工作，同时还兼顾自己园所的工作。那几年内，我们成立了园所"一季一景"环创小组，申请了区教育局课题"二十四节气文化情景式行动探索"，全园先后有几十位老师和几百名孩子投入这个项目中，历经三年。我们充分地解读节气的所有信息，从字面到内涵，从常识到情感，建立多维线索和通感渠道，这样孩子们对节气的感受就不再仅仅停留在农耕社会时期对农事和生活的指导上，而是通过迁移、匹配、联想、穿越，和古今中外的文学、音乐、戏剧、建筑、科技、工程、数学等建立起真实的联系。特别是在室内外双轴开展的活动，促成了师生对材质的重点考量，教师引入了不同的艺术呈现形式和整合手段，使孩子们在对节气的认知与探索上，自然而然建立起一种常识和逻辑间的关系，并借助通感的渠道，从整体感官上认识和了解了自己眼中所见、耳中所听、鼻中所闻、口中所尝、手中所触的节气，感受到了人文经典的植入、东西方的融合穿越，从而有了心怀远方、追寻自然、敬畏生命的真实感。我们相信，每一次的探寻最终都将落实在对传统的回溯、对当下生活的智慧践行、对未来发展的期待和追求中。

三

真的感谢深圳这个面向世界改革开放的窗口，感谢南山教育面向国际的广阔视野，感谢南山区机关幼儿园历任园长高瞻远瞩的教育眼光，使得我这样一名普通幼儿园美术教师能够到世界各国去游历、去研学、去开阔视野，从而把这些好的感受、经验化作我笔端的创作源泉，进一步夯实南山幼儿教育，进一步美化南山区机关幼儿园，为幼儿园和孩子们带来美的感受和呈现。

2003 年，我有幸参加了由中国少儿美术艺术委员会与南山区教育局联合举办的欧洲五国艺术巡展。在这次旅程中，我体验了不同城市的艺术、景观，获得了丰富的知识。我看到了杜塞尔多夫院子里满地坠落的苹果，科隆那高耸入云的哥特式教堂，汉堡城市中那些有趣古老造型的招牌。柏林的诗意工整和人们一丝不苟的工作态度给我留下了深刻的印象。在比利时广场的音乐节上，我感受到了布景的魅力。夜游塞纳河时，我被其清丽的素颜所吸引，深刻体会到了灯光营造效果的强大。白天的繁盛变成了黑夜的宁静，沿途的博物馆、美术馆、画廊、艺术家工作室让我目不暇接。在荷兰凡·高美术馆、伦勃朗画室、法国奥赛博物馆，我沉浸在古典艺术的海洋中。卢浮宫藏品之丰富让我不得不加快脚步，而法国蓬皮杜艺术中心所展出的大量印象派作品更是深深打动了我，令我感动得热泪盈眶。

我们的重点活动是参加在德国举行的勃兰登堡国际艺术节，我们学生的作品将在此参赛，孩子们的创作很突出，主要以水墨画为主。在罗素民老师的主导下，幼儿园的水墨画项目一直在持续开展，早在 20 年前，我们就已经在经典艺术赛事上展示了机关幼儿园的水墨画作品，从那时起，国风艺术就开始惠及所有与之相连的人们。在这两年里，孩子们的作品还在北京、深圳等地展出。

2007 年，我作为深圳市南山区骨干教师，赴英国 Canterbury Christ Church University 进修学习，沉浸式学习半个月后，回到伦敦。我由伦敦出发，一路向北，开始了在各类学校的寻访考察学习之旅，包括去各类重点的人文、历史、艺术博物馆、美术馆、遗迹等参观，历时一个多月，感触颇深。

四

我最难忘的人，首先是四位园长。朱济云园长精干、率直，凡事亲力亲为，给我最初的职业生涯赋予了信心和勇气；李倩园长笃定、大气，思你所思，对每一位员工都有很好的定位和规划；杨炼红园长热忱、务实、宽厚、谦逊，她具备很强大的内核和实力；刘红丽园长勤勉、激情、专业，是一位卓越的领导者。

我也不会忘记全体同仁，特别是历任大组长，周意智、陈晓、谭健、杨柳以及小组长们；还有张峰主任，在材料选购方面提供了无尽的便利和保障；保安任师傅，他的聪明才智总是能巧妙化解我们技术上的难题……没有他们的倾情付出，不可能将日常的琐碎变为每日的美好。

　　我也难以忘记我的同事兼朋友们。才华横溢的搭档罗素民老师，他有着灵动的思维、沉静的个性，脑中众多的创意常常让我们受益匪浅，他不仅是一位驻园艺术家，同时也是著名的国画家。两位 Miss 杨，一对姐妹花，英语老师出身，大 Miss 担任工会主席、小 Miss 做办公室文员，但她们俩都是编导的高手，她们合力创编的儿童英语剧《皇帝的新装》《白雪公主与猎人》《老鼠嫁女》非常专业，让人记忆犹新。还有办公室的李穗云主任、财务欧阳洋，她们做着细腻烦琐的工作，为我们排忧解难。幼儿园难得的男士侯为君部长，勤恳踏实，灵活机智，我们在工作上有很多交集。还有很多后勤人员、保育老师，每一位工作人员，其实都印在我心里，像篆刻一样，深深浅浅的。

五

　　2024 年 9 月底，从教 32 年的职业生涯画上了句号，我开始了自己的新旅程。2025 年，恰逢机关幼儿园 40 周年大庆，四十不惑，我想，机关幼儿园就像一个壮年，正进入它最好的阶段：成稳、大气、从容智慧，就像一首隽永的诗篇，朗朗上口。祝愿这片种桃、种李、种春风的梦田，可以收获桃李芬芳，越走越好。

幼儿保健　心中有爱
——赵东医生访谈录

赵东医生简介

赵东，女，1963 年 1 月出生，河南人，中小学在兰州市城关区就读，1984 年大学毕业后分配在甘肃省第二人民医院（原兰州铁路局中心医院）工作，担任眼科临床医生。1996 年开始在南山区机关幼儿园工作，担任预防保健医生，直至 2018 年退休。1994 年、1995 年两次获得由兰州铁路局颁发的科技进步奖三等奖；由深圳市卫生保健院发起，撰写出版专业著作《幼儿园保健医生实用手册》（海南出版社，2004）。

——

1996 年，年轻、充满活力的深圳深深吸引了我。正如父辈们当年响应党的号召，大学毕业后前往大西北一样，我先生学成归来后，带着我们举家来到深圳。与机关幼儿园的缘分，其实源于我的女儿。第一次送女儿去南山区机关幼儿园上学时，城堡般的乐园和那些充满热情、富有活力的年轻老师深深吸引了我。

当时的幼儿园在南头较场路 1 号，周围除了没拆迁的厂房和破旧的居民屋，还有泥泞的红花路，以及红花路边上两层简易的楼房，那是南山人才交流中心办事处，城堡般的幼儿园如同鹤立鸡群般立在那里。与现在相比，当年设备虽然简陋，但就改革开放初期的深圳而言，幼儿园已经算是拥有了较多资源，雅致而有内涵，足以见政府对学前教育的重视。我喜欢幼儿，一眼就爱上了这所幼儿园。

二

放下 10 多年驾轻就熟的临床医生工作，我转做幼儿卫生保健方面的工作。从临床看病走向预防保健，当年我花了一段不短的时间来适应这个转变，但后来我很庆幸，自己想通了，选择从治病走向预防保健，可以服务更多群体。

当初的幼儿园，有 300 多个孩子，仅配备一位保健人员。卫生保健仅处于初级阶段：简单喂药，小的擦碰包扎处理，班级卫生检查指导，厨房餐饮及卫生消毒，填写保健表格等。我意识到，随着学前教育突飞猛进地发展，幼儿只有具备旺盛的精力和健康的体魄，才能迎接大量的知识学习。

为了培养身心健康、社会适应能力强的幼儿，一方面，我们开始加强对保育员和厨房工作人员的专业知识培训。通过提升他们的专业能力，激发每个人工作的积极性，使其能够更好地发挥主观能动性。另一方面，我加强了幼儿户外体能训练方面的指导，搭配均衡丰富的营养膳食，严格执行幼儿作息时间，孩子们的身体素质有所提高。同时，我严格把控卫生消毒细节，切断所有传染病的传播途径，将预防疾病和幼儿安全放在保健工作的首位，将幼儿卫生保健工作真正做到专业化。

三

从 1996 年到 2018 年，我在南山区机关幼儿园工作了 22 年时间，经历了幼儿园 10 周年、20 周年和 30 周年园庆。办学规模也从 9 个班、300 多名幼儿发展到了 22 个班、700 多名幼儿。教育教学及卫生保健方面的工作都获奖无数，引领着南山乃至深圳的幼教行业。

南山区机关幼儿园有今天的盛况，第一是凝聚力强，第二是责任心强，第三是奉献精神强。在我的工作中，特别是在特殊时期，比如"非典"、手足口病、甲流等这些流行性疾病来临的时候，大家都能够齐心协力、放下自我、乐于奉献、勇于担当。我和大家一样，秉承南山区机关幼儿园团结一心、奋勇向前的优良传统，为孩子们保驾护航。

四

我在园医岗位，跟班级接触多，同时我属于行政部门，跟园领导接触也多。我是一个很真实的人，不喜欢阿谀奉承，但是我从每一位教职工身上都看到了闪光点，老师们单纯善良，敬业爱岗；领导们德才兼备，一马当先，南山区机关幼儿园的发展离不开每一位教职工的无私奉献。

四任园长都令我深感敬重，从她们身上，我看到了幼儿教育的光辉与未来。机关幼儿园几十年来一直保持着强大的凝聚力和团结一致的精神，这一切都得益于园长们的卓越领导。

朱济云老园长工作作风果断，做事雷厉风行，把年轻教师当成自己的孩子，关爱备至。老师们都称她为园长妈妈。

李倩园长为机关幼儿园的发展和壮大付出了巨大的努力，成功推动了幼儿园顺利搬迁至前海花园。她的远见卓识为幼儿园未来在科技教育领域的发展奠定了坚实的基础。

因为工作关系，我和杨炼红园长接触最多。她年轻睿智，格局大，方法多，是老师们的知心姐姐。所有困难在她面前都能迎刃而解，她将南山区机关幼儿园推向了一个高峰。

刘红丽园长是幼教的一面旗帜，专业功底相当深厚。在她的领导下，机关幼儿园不断攀登高峰，始终走在幼教行业的前列。

我认为，在幼教行业中，能够担当领头羊角色的人是极为稀缺的。作为一名专业出身的从业者，我深知，要在一个领域中深耕，只要坚持不懈、持之以恒地做好一件事，最终一定能够取得显著成就。然而，园长的职责却不同，她们不仅肩负着重大责任和众多家庭的期望，还必须具备宏观的教育理念与前瞻性的教育视野，同时还要处理各类繁杂的管理事务，做到事无巨细。

一封书信　结缘南山
——陈红老师访谈录

陈红老师简介

陈红，女，本科学历，中共党员，幼儿园高级教师。1968 年 5 月出生于安徽省蚌埠市，1987 年 7 月毕业于蚌埠师范学校幼师班，她在工作中继续学习，先后毕业于广州师范学院学前教育专业、华南师范大学教育管理专业。1992 年 8 月参加南山区机关幼儿园面向全国的教师招聘考试，并被成功录取，负责班级教育教学工作，1993 年 8 月正式调入机关幼儿园，历任班级教师、班主任、年级组长工作，长期扎根一线，2023 年 5 月在南山区机关幼儿园退休，教龄 36 年。

一

1991 年冬天，我偶然打开《中国早期教育》杂志。这本杂志中有一篇介绍深圳市深华幼儿园的文章，文章中对幼儿园图文并茂、栩栩如生的介绍，点燃了我扎根深圳经济特区的梦想。看完文章的那一刻，我对深圳懵懵懂懂的向往具象化了。于是，热爱写作的我提笔给深圳市深华幼儿园的园长写了一封信。真没想到，过了没多久，我居然收到了来自园长的回信。在回信中，园长还给我寄了一张她在日本参观幼儿园时跟小朋友的合影，并说欢迎我到深圳来考察。

我心里激动得很，好不容易盼到暑假就立即来到了深圳。7月的深圳，蓝蓝的天、碧绿的海、清新的空气、繁华的深南大道，都深深吸引了我。我下定决心要留在深圳。

深华幼儿园的园长见到我也很开心，经过面试，决定录用我，通知我8月下旬来上班。机缘巧合之下，一位家长给我传递了《深圳特区报》上一则南山区机关幼儿园面向全国招聘优秀教师的消息，于是我就根据招聘启事时间和地点来南山参加考试。哪知道，也考上了！

相比较之下，我更喜欢南山区机关幼儿园，我决定留在这里。那一年，我24岁。我投身南山学前教育，一直做到退休。

二

1992年的南山区，最大的一条路是南新路，南山区机关幼儿园就在南头较场路1号。幼儿园的大门是红白相间的双开铁门，整个幼儿园呈L形。相比起外面的环境，幼儿园里面是很漂亮的，除了幼儿的教室，还有专门的幼儿卧室，卧室里面是一张张供孩子们午休的小床，感觉特别温暖、温馨。除了教室和卧室，幼儿园里面还有游乐园、滑滑梯、小转椅、音乐厅和大大的操场。得益于南山区政府和教育局对孩子们的厚爱，孩子们拥有一个美丽的家园。

原本是9月1日开学的，可因为幼儿园在扩班装修，做各种各样的准备，于是推迟到国庆节后开学。我负责的班级在4楼，孩子们的桌子、椅子、床，都要我们从1楼搬到4楼去。我们没从外面请一个人，全都由我们这些老师自己一点一点从楼下往楼上扛。那个时候幼儿园的饭堂还没有开伙，我们只能每天往来在南山区委和幼儿园之间吃饭。9月份的深圳骄阳似火，整整一个月下

来，国庆节后开学的时候原本皮肤白皙的我变成了一块"黑黑的煤球"。即便如此，年轻的我依然乐在其中。这就是青春的模样吧！这也是改革开放之初，南山教育人的缩影吧！

三

作为长期扎根一线的幼儿教师，我参加了南山区机关幼儿园深圳市一级示范园评估、省一级幼儿园评估、省一级幼儿园复评工作。

在这一次又一次的评估当中，给我印象最深刻的就是我们每一个老师加班加点，从无怨言。只要园长有号令，我们马上就去落实，有时候加班太晚甚至就睡在班级里了。

那时候朱园长也经常跟我们一起加班，班级需要过塑的图片，园长就在她办公室帮我们过塑，我们图片裁剪后布置在教室的各个角落，让我们的教室变得更美。

每一次评估，对我们一线的老师和全体教职工，以及园领导都是一次极大的考验。但是，也正是这样的评估，让我们拧成一股绳。每一次评估通过的那一刻，我们全体老师都欢呼雀跃。这种快乐和幸福，是任何物质奖励都没办法比拟的。虽然我只是一位一线教师，但我也在这一次一次的历练中有了获得感、幸福感、成就感。

四

我记得，有一年我们要参加市里的广播操大赛，朱园长带着我们，每天下了班在操场上像军训一样练习。比如，你的手指尖要举到哪个位置、你的腿要抬到多高，朱园长都亲自监督。经过一遍遍的刻苦训练，我们得了第一名，大家可开心了。

年轻时的我们，在深圳大剧院的舞台表演舞蹈《看秧歌》；在南山文体中心的舞台表演舞蹈《剪窗花》；参加健美操比赛；参加广播操比赛；出任大型活动的礼仪小姐……我们的青春焕发着夺目的光彩。

还有一次，我和我们班级的另外两位老师一起带着全班小朋友去仙湖植物园春游，孩子们在仙湖植物园玩得可开心了。可没想到，从仙湖植物园回南山的路上车子没油了。大清早就出门，直到差不多天黑了，我们还没回到幼儿园。那时候我们还没有手机，和园里也联络不上。朱园长、多位老师和全班家长在幼儿园门口翘首盼望，好担心呀！直到看到我们小朋友从中巴车上下来，扑到家长们怀里，大家才如释重负。现在想想，在没有做任何批复的情况下，就把孩子们带出去玩一整天，安全隐患该有多大呀！可那个时候的我们只想着带给孩子们快乐，我们自己也单纯得像个孩子。

我记得有一年，我们班有一个小朋友有癫痫病。第一次发作的时候，看着他抽搐，吓得我快昏了过去，赶紧去叫园医来处置。因为这个孩子癫痫经常发作，在医生的指导下，我便也学会了处置方法。每次这个孩子将要发作的时候，我就赶紧给他做好相对应的处置。那个时候，我们还很年轻，无所畏惧，只知道用心地爱孩子，细心地观察孩子，只要按照园医的指导去处置，我们就能平平安安地把孩子送回到家长的手上。

从教的 36 年间，我始终怀着一颗虔诚的心，用爱心、耐心和专业素养，培养着一批又一批的孩子，他们那么纯真，那么可爱。幼儿园毕业后，孩子们经常回来看我，我依然保留着他们写的贺卡和寄来的信件，家长们也会在过年过节给我发来节日的问候。

直到今天，我退休了，大家都觉得我的言行举止还像一个孩子那样单纯而快乐，我感谢自己所从事的这份职业，给我的生命带来持久的美好和幸福！

行走中外　不忘根本

——秦晓菲老师访谈录

秦晓菲老师简介

秦晓菲，女，1971年10月出生于陕西省渭南市，大专学历，小学高级教师，中共党员。1992年10月开始在南山区机关幼儿园工作，曾多次荣获区优秀教师称号，2007年参与法国"做中学"教科研课题，公开课"多米诺"多次在广东省深圳市小学、幼儿园"做中学"教科研活动中得到专家、教授和同行的好评。2008年辞职后定居于比利时布鲁塞尔，2014年10月至今在布鲁塞尔欧华汉语语言学校担任中文老师。

一

树高千尺也离不了根，人行千里也不能忘本。从1992年到2008年，我有16年的职业生涯都在深圳度过。从2008年到2024年，我定居在比利时，恰好也是16年的时间。蓦然回首，我的人生，仿佛不止是一辈子，而是过了两辈子。无论走得多远，我也没有忘记自己的祖国，无论走得多久，我也没有离开过自己热爱的教育事业。

1992年3月的一天，我无意中在《深圳特区报》上看到一条深圳市南山区机关幼儿园面向全国公开招聘老师的公告，我怀着满腔热情和对特区的憧憬，在妈妈的陪同下坐着南下的列车来到深圳。当时竞争非常激烈，在40多名应聘者中只录取5名，经过层层筛选，过五关斩六将，我终于成为南山区机关幼儿园的一员。

从1992年到2008年，我在南山区机关幼儿园工作了16年时间，经历了幼儿园10周年、20周年园庆。在第一任园长朱济云的带领下，南山区机关幼儿园全体老师满怀激情、积极奋进、团结协作，不怕苦不怕累，让我们的幼儿园在几年内通过了区级、市级、省级评估，得到了飞跃式的发展和提高。

我记得幼儿园进行省级评估时，有时夜里加班太晚，我们干脆不回宿舍，累了就在教室里凑合一晚，早上继续以饱满的热情带班工作。有一天晚上，我们加班做环境布置，我不小心被裁纸刀把左手虎口划了一道又深又长的口子，血一下子就涌了出来，为了不影响工作进度，我跑到医务室找到保健医生郭医生，只是简单消毒，用纱布包扎了一下，又继续投入工作。后来左手虎口留下了一道至今还很明显的疤痕。

我放寒假回到家，做外科医生的父亲看着我手上的疤痕，心疼地说："我做了一辈子外科手术，缝合了无数个伤口，没想到我自己女儿的手却因为没有及时缝针，留下了这么大一条疤痕。"

我笑着对父亲说："爸爸，没事的，这个疤痕代表了抹不去的美好回忆和青春烙印啊。"

在第二任园长李倩的带领下，2000年我们机关幼儿园从南头较场路1号搬到了前海花园，规模也从一个园所9个班、300多名幼儿发展到两个园所22个班、700多名幼儿，并获得多项市级、省级学前教育教科研成果，幼儿园迈上了一个新台阶。

二

时光荏苒，岁月如梭，人到中年，我开始了另一段人生旅程。2008年9月，第三任园长杨炼红就任没多久，我就因个人原因离开深圳，去比利时布鲁塞尔定居了。

离别时，杨园长对我说："这里永远是你的娘家，常回来看看！"我万分不舍地离开深圳，到了万里之外的异国他乡比利时。没有想到，这一走就是16年。

初来比利时，我的生活发生了翻天覆地的变化，远离亲人，没有朋友，语言不通，又生了老二，从以前的一名教师成为全职妈妈、家庭主妇，心理上的落差非常大。

一个偶然的机会，我得知布鲁塞尔欧华汉语语言学校需要中文教师，虽然这是义务工作，而且在周末上班，没有工资，只有一些车费补贴，我还是欣喜地接受了。

我记得当时先生跟我说："菲菲，不要去做中文老师，又辛苦又没有什么钱，周末还是在家休息一下。"

虽然先生心疼我，不支持我的工作，不过我还是义无反顾地又一次站在了讲台上。

先生虽然不理解我的做法，但他非常尊重我，每到周末，他都送我到学校，等我上完课，再接我回来。

后来在一次家长开放日"中国日"活动中，先生看见我跟孩子们在一起时散发着自信与快乐，眼里也闪烁着幸福的光芒，孩子们叽叽喳喳，开心地环绕在我身边，叫着"菲菲老师"，家长们对我投来尊重的目光。先生终于理解了，因为跟孩子们在一起，我才会发光，因为当老师，我才能找到存在感和价值感。

三

虽然远在欧洲，我依旧心系机关幼儿园，时常关注机关幼儿园的公众号和动态，在刘红丽园长的带领下，南山区机关幼儿园如今已壮大成为南山区机关幼教集团，形成双集团、双学区的新格局，学前教科研课程不仅在广东省、全国获奖无数，在世界幼教舞台上也开始崭露头角，机关幼儿园独具特色、自然开放的幼儿自主游戏活动，获得牛津大学教育心理学教授等专家们的一致好评，并给予了最高分。

四

在四任园长和全体教师辛勤耕耘、坚持不懈的努力下，南山区机关幼儿园将迎来 40 周年园庆，祝福我的娘家——我魂牵梦萦、心心念念的南山区机关幼儿园越来越好，再创辉煌！

四秩机幼　共书华章
——马晓梅园长访谈录

马晓梅园长简介

马晓梅，女，1963 年出生于湖南长沙，曾就读长沙师范学院，广州大学，西南大学。历任空军十八师蓝天幼儿园教师、保教干事；深圳市南山区机关幼儿园班主任，教学主任；南山区教育幼儿园书记、园长。

———

1992 年，邓小平发表了著名的南方谈话，这次讲话不仅对深圳的发展产生了深远的影响，也吸引了大量像我这样的年轻人来到深圳这片改革开放的前沿阵地追寻梦想。这年 6 月，我刚来深圳，无意中浏览《深圳特区报》的时候，看到挺大的版面上刊登了一则南山区机关幼儿园面向全国招聘优秀幼儿教师的广告，当时我震撼不已。我就职的原单位是湖南省空军蓝天幼儿园，20 世纪90 年代初，长沙市能够读到的报纸基本上看不到广告，尤其看不到教育部门在报纸上发招聘广告。而《深圳特区报》上居然有区级机关幼儿园发布的招聘广告，这对我的思想还是一个很大的冲击，心想：这就是深圳！这就是敢为人先的深圳！同时，这则广告也让我有了跃跃欲试、挑战自我的兴奋和激动。于是，我就和众多的求职者一样前往幼儿园面试。

二

到了面试的日子，我如约来到南山区机关幼儿园。我清楚记得，那是一个骄阳似火的上午。我刚到幼儿园门口，看到整个操场上摆满了幼儿睡觉的小床，有很多人在那里给床刷油漆，她们看上去不像是油漆工人，大部分是年轻漂亮的女孩子，我想她们应该是幼儿园的老师吧。

当时我非常惊讶，特别震撼，我心想：这样的活儿居然都是全体幼儿园老师一起做，真是太有冲击力了！

这些老师们脸上荡漾着青春的笑容，这么热的天气，在她们的脸上却丝毫看不出烦躁和疲惫。即便是临时拉来做油漆工的工作，也是那么快乐，那么积极，那么团结，那么肯付出。我想：如果我能加入这样的团队，一定会在工作中得到很多乐趣，也能够从她们身上学到很多值得学习的精神和品质，这一定会让我进步很快。就在这一刹那，我对入职南山区机关幼儿园有了非常直观的、热烈的期盼。

正当我激情满怀地在幼儿园门口左顾右盼的时候，有一位娇小玲珑的中年女老师左右手各拎着一张幼儿睡觉的小床从我面前疾速经过，我赶紧向她询问："老师，你好。我是来面试的，可以进去吗？"

这位女老师热情地说："进来吧，快进来。"

我接着问："请问朱园长在哪里？"

女老师说："我就是。"

这一刻，我的思维像电脑一般高速运转：天哪！朱园长看上去体重也就80斤左右，居然在这炎热的夏天里和老师们一起给床刷油漆，搬着这些床来来回回，还健步如飞，这是怎样的一位领导呀！园长的身上一定有很多很多像金子一样闪光的优良品质值得我学习！

经过多轮面试，我终于梦想成真，成为南山区机关幼儿园的一员。

此后，从教师到园长，从课题研究者到科研课题评审专家，从教育工作者到教育督学，30多年的岁月中，我与机关幼儿园同成长，共书教育华章。

三

刚入职的时候，我是一名一线带班老师，同时也是一名班主任，工作如鱼得水。

由于幼儿园的发展需要，也由于当时很多老师比较年轻，而我曾经在湖南省空军蓝天幼儿园担任过片区保教干事，相对其他年轻老师来说比较有经验，因此，入职半个月之后，园长就让我担任教学主任。

工作转岗时我遇到了不小的困难。因为在这些老师当中，两种角色差异非常明显，有一批是非常年轻的从全国招聘来的，她们是专业水准较高、思想较新、接受能力很快的年轻教师。还有一些是早期入职的老教师，她们思想相对比较成熟，很有主见，对于接受新事物有些抵触情绪。作为教学主任，要想方设法融合这两批老师，使他们步调一致，这让我一时感觉非常棘手。因此，我心里打起了退堂鼓，担任教学主任不到3个月，我就向朱园长提出辞去教学主任这一工作岗位的请求。

朱园长并没有第一时间回复我的请辞，她只是问我："是什么原因让你不想干了？"

我说："因为当一名普通的老师特别简单，我能够胜任。我希望成为一名优秀的教师。"

朱园长还是让我自己仔细想一想，好好考虑。

在那段犹豫不决的日子里，我心想：既然园长没有同意让我辞去这个岗位工作，那我就要认认真真做好这个岗位应该做的事情。

于是我开始研究如何给不同层面的老师做教研、如何指导老师备课、如何为老师提供教育培训、如何让大家积极接纳新观念……这些工作对当时的我来说是一种全新的探索，也是对自我的一种考验。

四

20世纪90年代，区级、市级、省级幼儿园的评估和复评工作全面展开，在接受评审的过程中，每位老师的思想都进行了规范化的统一，这是凝聚人心的过程，是个人与团队和谐进步的过程，这让老师们心中有了标准，让学前教育发展有了方向。

伴随着南山经济腾飞，学前教育也得到了快速发展。老师们有更多外出学习的机会，不仅在国内学习，也到国外学习，这些机会让老师们开阔了视野，具备国际化思维。幼儿园还同时聘请国内外知名学前教育专家来讲学，引导老师们开展课题研究，我们的专业水平得到很大提高。

为适应新时期教育发展的需求，政府和教育局对学前教育大力支持。深圳教育界一度提出了要对学前教育进行转制，改为企业化管理。南山区对此十分慎重，进行了平稳过渡，使得南山学前教育稳步发展，没有出现过大的波动和变化。老师们安居乐业，又吸引了更多的人才入职，教师的学历从以前的中专，到后来普及大专、本科学历，现在多所幼儿园都有硕士甚至博士的加入。科研思想、科研方法引领学前教育进一步专业化、科学化，孩子们得到了更好的成长。最近几年进行民办幼儿园转公，政府高屋建瓴，要政策给政策，要资金给资金，要场地给场地，南山区学前教育在整体上在优质均衡的道路上前进了一大步。

迎接华诞　共筑美好
——李湘云园长访谈录

李湘云园长简介

李湘云，女，中共党员，现任深圳市南山区城市花园幼儿园、临海揽山幼儿园园长，深圳市南山区大新幼儿园副园长。广东省李春玲名师工作室助理、广东省李春玲名园长工作室学员，深圳市优秀教师，南山区学前教育"名师工程"教科研专家，第二批南山区学前教育教科研专家工作室主持人，南山区教育信息化领军人才培养计划的第三批"学科技术导师"，区优秀青年岗位能手、优秀督学、优秀党务工作者。任 2022 年南山区中小学幼儿园教师信息技术应用能力提升工程 2.0 区级研训团队导师，光明区、佛山市高明区项目案例评审专家，第三届深圳市教育督导评估专家库成员（2024 年 1 月至 2028 年 1 月）。

——

每一个独闯深圳的人都有独特的经历，我也不例外。我的爸爸是一位军人，在原广州军区工作，我从南昌幼儿师范学校毕业以后就在江西省政府直属机关第三幼儿园任职。1994 年寒假，我来到爸爸所在的军营。那时候的南山前海，到处都是养生蚝的蚝田，习习海风中弥漫着海产品的味道，让我甚为惊奇。我从江西老家出来的时候穿着厚厚的冬服，可是到了深圳，却能够穿漂亮的裙子。蓝天碧水、大海晴空，我穿着美丽的长裙在街上漫步，就在这一刻，我喜欢上了深圳，想留在这里工作。

整个南山区唯有南新路比较宽敞，我在路上走着走着，看到一个小男生，我就上去问："小朋友，附近有没有幼儿园呀？"

小朋友笑嘻嘻地指着前面："看，这就是我的幼儿园。"我循着小朋友指的方向走到门口，恰好有一位优雅知性的中年女性骑着自行车从我面前经过，在幼儿园门口停下来准备进去，我赶紧上去问道："老师，你们幼儿园还需要人吗？"

没想到，她就是南山区机关幼儿园的朱济云园长。园长开始问我的个人经历。

我跟她说："我当了两年的幼儿园老师，想来深圳从事幼教工作。"朱园长从头到脚打量我一番，微笑着点点头，把我引进幼儿园进行面试。

面试过后，朱园长开心地说："刚好我们有一个教师岗位还空缺呢，你来吧。"就这样，冥冥中仿佛有指引，我成为南山幼教的一员，至今，刚好 30年整。

二

进入南山区机关幼儿园的第一次大考就是进行首次省级幼儿园评估。那时候，省级幼儿园评估在整个深圳属于吃螃蟹的行为，没有先例可参考。我们全体教职工可以说是往死里干。

那时，刚刚有区角意识，科技特色和艺术特色也刚刚萌芽。没有参照系统，一点一滴都由我们自己去探索，这既令我们兴奋，也生出不知从何处做起的茫然。那些区角材料，大家逐个琢磨，一遍一遍地修改，几乎天天加班。

有一天我生病了，但是我没有回家休息。晚上，听说南山区的领导来看望我们，我只顾着埋头在活动区里面进行材料制作。有位领导走过来，亲切地说："听说你病了，怎么也没去休息呀？"

我只是轻轻摇头，说："领导，没事，我不累的。"一边说话，一边也没忘记手上的活儿。

其实，不只是我如此拼命，我们每一位老师、每一位保育员、每一位中层干部，包括我们的园长都是这么拼。

当省级幼儿园评估的结果宣布为"通过"的时候，我感觉所有老师都长出一口气，有的哭了，有的笑了，也有的当晚就发烧了。

南山区机关幼儿园作为深圳市第一批通过省级幼儿园评估的单位，我们为南山教育做出了自己应有的贡献。这件事情让我印象极为深刻，也深感骄傲。

二

我在南山区机关幼儿园历任教师、班主任及组长、办公室主任，后又借调到区教育局实践办任第七小组组长，后又到教育局学前办、督导科挂职锻炼，再后来在大新幼儿园担任副园长、大新幼教集团行政办公部部长，从2022年开始，我在临海揽山幼儿园、城市花园幼儿园任园长。历经多次调岗，我知道，无论在任何岗位都要兢兢业业，敬业爱岗，不仅要做好自己岗位的工作，而且还要敢于大胆创新。

2009年，南山区机关幼儿园要进行省级复评了，因为有了省级评估的经验，这次复评由我负责评估资料的总协调，这可以说是一项庞大而又繁杂的工作，牵涉到所有部门、所有年份的所有资料。

那时候很少有老照片和视频的电子版，所有原始材料都是用手写的，复评要求提供电子版资料。我认真研究了评估档案体系，对照评估要求和细则，编制纸质材料的同时，指导大家做电子资料。从我自己开始，到每一位老师、每一个岗位，都制订了合适机关幼儿园的评估档案目录。在档案材料电子化的过程当中，我们每个老师都得到了学习和成长，这对我的管理能力、协调能力也是一种锻炼。以至于我后来借调到区教育局实践办、学前办、督导科的时候，我也能从多角度提升自己的协调能力和管理能力。而这些机会，都是机关幼儿园给予我的。

从教师到园长，我走过了很多个岗位，每一个岗位对我来说都是锻炼，对他们年轻的老师来说，也是有借鉴意义的。只要肯学习、肯钻研，不计得失、乐于奉献，就会让自己更快更好地成长和成熟，能够在更大更好的平台上奉献于教育，实现自己的职业理想。

四

在这硕果累累的美好时节，我们满怀喜悦与自豪，共同迎来了南山区机关幼儿园 40 周年华诞。四十载风雨兼程，四十年薪火相传，从最初仅有 9 个班的幼儿园到如今拥有 8 所幼儿园的优质教育集团，初建时的稚嫩幼苗已茁壮成为根深叶茂的教育森林，机关幼儿园滋养了一代又一代老师和孩子的心田。

标杆领航　特色发展
——赵锦霞园长访谈录

赵锦霞园长简介

赵锦霞，女，中共党员，幼儿园高级职称，毕业于深圳教育学院，现任深圳市南山区第十二学区中心园、南头古城幼儿园园长。深圳市教育督导评估专家库成员（2020 年 10 月至 2023 年 10 月），考取定向运动教育指导师（高级）资格。主持或承担多项省市级课题研究，获深圳市学前教育"苗圃工程"名园长称号，深圳市基础教育系统"名师工程"名教师，深圳市第四届教育教学科研优秀成果二等奖，深圳市第五届教学成果二等奖，南山区第六届教育改革创新奖一等奖，在深圳市第二届"鹏程幼教蒲公英奖"评选活动中荣获"十佳园长"称号。主编了《古城背景下的幼儿园课程建设研究》《幼儿园定向运动课程》等专著。

——

我是在深圳本土学习、生活，而后踏入学前教育领域成为一名幼儿教师的。我的爸爸是一名军人，我 4 岁那年随军，从四川乐山到了河北。1983 年，爸爸作为一名基建工程兵，成为深圳经济特区建设者，我又跟随爸爸来到深圳，就读于红岭小学、深圳实验学校，初中毕业后考入深圳教育学院学前教育专业。

很多人说我是一个积极、阳光、开朗、乐观的人，这跟我单纯的人生经历分不开。我是一个幸运儿，从教 31 年，一直在幼教这条美好的专业道路前行。在我的学习和工作中，每当遇到困扰，很多领导、同事都会给予我非常多的关心和关爱。我于 2005 年来到南山区机关幼儿园，迄今已有 20 年了，在这里，我从一名教师成长为园长，这一路走来的点点滴滴令人难以忘怀。

二

2005 年 7 月，我从深圳市银鹰第二幼儿园来到南山区机关幼儿园做班级老师。2007 年 12 月，来机关幼儿园仅仅两年半后的一天，李倩园长把我叫过去，说要派我到南头城幼儿园做园长。接到这个光荣的使命，我心里充满激动、好奇，但更多的还是惶恐，毕竟我还从未做过行政领导呀。李园长深知我的性格，了解我的志忐，她鼓励我说："南头城幼儿园是南山区机关幼儿园的分园，背后还有我们呢，不要怕，你大胆去做，相信你一定能行的。"时任副园长杨炼红也鼓励我："没事，你肯定行！"她亲自领着我到南头城幼儿园跟全体教职员工见了面。

南头城幼儿园的发展颇为波折坎坷，但同样，它也很幸运。幼儿园历经街道办学、小学附属、私人承包，随着南头城社区建设的迅速发展，区政府、南头街道办事处和南头城村委会领导都意识到良好的社区教育环境对下一代的健康成长、对提升社区人居环境品质都有着深远的意义，兴办一所高标准、示范性的幼儿园既是各级领导的共识，也是优化社区环境、造福社区居民的切实需要。在"文化古城、科教优先、造福社区"的思想指导下，南头街道办事处、南头城实业股份有限公司领导经认真调研，对南头城幼儿园提出引优合作的办学思路。2002 年 7 月，南头街道办事处、南头城实业股份有限公司和南山区机关幼儿园签订了三方合作办园协议，协议明确：南头城幼儿园由南头城实业股份有限公司出资承办，南山区机关幼儿园协办并负责全面管理。自此，南头城幼儿园开始了新的发展历程。2007年12月，我成为派驻到南头城幼儿园的第三任园长。一直到2020年，因为体制变化，南头城幼儿园脱离机关幼儿园管理，完成民转公，更名为南头古城幼儿园。

三

在南头城幼儿园工作的这些年，给我感受最深的就是我从来都不是一个人在战斗，我的背后有一个强大的团队，那就是我的娘家——南山区机关幼儿园。

在南头街道办事处、南头城实业股份有限公司和机关幼儿园协商合作办园的过程中，区政府、区教育局领导对这种"政府、社区、名校"共同合作的办园模式给予了积极鼓励与热情支持。合作三方在注重办园的社会与教育效益方面精诚一致，这使得南头城幼儿园始终坚持正确的办园方向，坚持服务社区的办园宗旨。无论是街道办事处对我园的长期关怀与可贵支持，还是股份公司不计物质回报的巨额投入，抑或机关幼儿园广大教职工热诚参与我园建设的无私奉献，都显示了强强联手、优势整合的巨大影响力与推动力。

幼儿园拥有得天独厚的地理优势，它紧邻深圳的地标性建筑，位于"深港缘起之地"——拥有千年文化传承的南头古城。围绕古城，我们进行了实实在在的本土化课程的开发，组织成立了由刘红丽园长牵头、南头城幼儿园全体教职员工参与的中国学前教育研究会"十三五"立项课题"基于南头古城文化的幼儿园课程资源开发与利用研究"，结束了城幼没有自主课题的历史。

在研究课题中，我们积累了大量素材，刘红丽园长鼓励我们把这些素材整理成完整的课程文本。我本人以及城幼的老师都没有经验，刘红丽园长让我把我园十几个骨干教师带到南山区机关幼儿园，由刘园长带头，组织了一个指导小组，在手把手的指导下，讨论出课题成果的完整方案，提出了撰写方向，制订了清晰的文案范式。课题结题时，我们完成了《行走古城》《节气拾遗》《颂古通今》《古城韵味》园本课程手册。在此基础上，我们总结出《行走古城，颂古通今——南头城幼儿园学习空间拓展和探索实践》这一成果，获得深圳市第四届教育教学优秀成果奖二等奖。

四

从 2002 年到 2020 年，作为机关幼儿园分园，城幼特别需要感谢李倩园长。三方办园确定后，李园长带领团队大胆改造，在有关部门的多方支持下，将几块边角地纳入校园统一规划范围，并重新取直、建造了通透围墙，新增了约 200 平方米的幼儿活动场地，创设了古井、小道、草坪、休闲椅与绿荫相融的优美园林景色。全面改造后的南头城幼儿园，场地开阔，功能齐全，环境优美，设施先进，生均占地面积、建筑面积和户外活动面积，以及绿化覆盖率等指标均超过市一级幼儿园的评估标准。2005 年通过深圳市一级幼儿园评估。

五

我和城幼的员工们，还特别感谢杨炼红园长。在迎接深圳市委书记、区委书记等领导来城幼慰问、视察时，在城幼每一次市级复评等重要时节时，无论多忙，杨园长都早早来到现场，她像全体城幼人的定海神针，她来，我们就心定了。城幼还要特别感谢机关幼儿园美术组的老师们。南头城幼儿园进行的全面装修改造，迎评迎检时的美化提升，都得到罗素民、李潇池老师的大力支持。同时，我们很感谢南山区机关幼儿园教研、后勤、医务部门的老师们，他们对我园的工作指导是全方位的，如帮助我园以课程改革促进园本课程体系的建立，协助我园完善卫生保健和后勤保障体系，指导我园开展家长、社区工作等，尤其在教职工团队建设中给予了重要指导。

我园在南山区机关幼儿园指导下，不断加强对幼儿发展规律、课程改革、师资培训、整合教育资源等方面的研究，依托教科研课题进行教育科学研究和探索，初步建立了极具城幼特色的园本课程体系和一支有实力的教师队伍，实现了跨越式发展的喜人景象。城幼建园至今，也已经30年了。城幼以"小小的门，大大的家"为文化符号，在这个大大的家里，我们共同学习，共同成长，彼此关心、彼此扶持，我们致力于构建一个团结互助、和谐共融的教育环境，让每个孩子都能在这里找到属于自己的位置，为实现自己的梦想奠定基础。

南山区机关幼儿园成立40周年了，在我的心中，它一直是学前教育的标杆，也是学前教育的领航者。我祝愿南山区机关幼儿园的孩子和老师们一如既往地在这里幸福快乐地学习、工作和成长！

第三部分

深圳市南山区机关幼儿园园史

附录

附录一

幼儿园历任行政班子名录

(1985—2024 年)

幼儿园历年行政班子成员			
年份	书记、园长 （主要负责人）	专职副书记、 副园长	分园负责人、部门负责人
1985	/	/	/
1986	/	/	/
1987	/	朱济云（副园长）	/
1988	/	朱济云（副园长）	/
1989	/	朱济云（副园长）	/
1990	/	朱济云（副园长）	/
1991	朱济云	/	总务主任　李积筠

续表

幼儿园历年行政班子成员			
年份	书记、园长 （主要负责人）	专职副书记、 副园长	分园负责人、部门负责人
1992	朱济云	/	总务主任　李积筠 园长助理　杨炼红
1993	朱济云	/	总务主任　李积筠 园长助理　杨炼红 教务助理　马晓梅
1994	朱济云	/	园长助理　杨炼红 教务助理　马晓梅
1995	朱济云	/	园长助理　杨炼红　马晓梅
1996	朱济云	/	教学助理　马晓梅 后保助理　杨炼红 后勤助理　李积筠
1997	朱济云	杨炼红（副园长） 马晓梅（副园长）	园长助理　李积筠
1998	朱济云	杨炼红（副园长） 马晓梅（副园长）	园长助理　李积筠
1999 年 上半年	朱济云	满晶（副园长） 马晓梅（副园长） 杨炼红（副园长）	园长助理　李积筠
1999 年 下半年	马晓梅（书记） 李倩（园长）	杨炼红（副园长）	园长助理　李积筠
2000	李倩	马晓梅（副园长） 杨炼红（副园长）	园长助理　李积筠 会　　计　沈玉环 保健医生　赵东 教学主任　刘红丽
2001	何继红（书记） 李倩（园长）	杨炼红（副园长）	总务主任　李积筠 会　　计　沈玉环 保健医生　赵东 教学主任　刘红丽
2002	李倩	马晓梅（副园长） 杨炼红（副园长）	园长助理　李积筠 会　　计　沈玉环

续表

幼儿园历年行政班子成员			
年份	书记、园长（主要负责人）	专职副书记、副园长	分园负责人、部门负责人
2002	李倩	马晓梅（副园长）杨炼红（副园长）	保健医生　赵东 教学主任　刘红丽
2003—2004	李倩	杨炼红（副园长）	教学主任　刘红丽 教学副主任　汤鹄
2005—2006	李倩	杨炼红（副园长）	总务主任　李积筠 保教主任　顾为民 保教副主任　王满珍
2007	李倩	杨炼红（副园长）	教学主任　刘红丽　汤鹄 总务主任　李积筠 保教主任　顾为民　王满珍
2008	杨炼红	/	教学主任　刘红丽 总务主任　李积筠 教研主任　顾为民 教学副主任　汤鹄 保教副主任　王满珍
2009—2011	杨炼红	/	教学主任　刘红丽 总务主任　李积筠 教学副主任　汤鹄 保教副主任　王满珍
2012年上半年	杨炼红	/	教学主任　刘红丽 总务主任　李积筠 教学副主任　汤鹄 保教副主任　王满珍
2012年下半年	杨炼红	刘红丽（副园长）	总务主任　李积筠 教学助理　汤鹄 保教主任　王满珍 办公室主任　李湘云
2013年上半年	杨炼红	刘红丽（副园长）	总务主任　李积筠 教学助理　汤鹄 保教主任　王满珍 办公室主任　李湘云

续表

幼儿园历年行政班子成员			
年份	书记、园长 （主要负责人）	专职副书记、 副园长	分园负责人、部门负责人
2013 年 下半年	杨炼红	刘红丽（副园长）	总务主任　李积筠 教学助理　汤鹄 保教主任　李穗云 办公室主任　李湘云
2014			总务主任　李积筠 教学助理　汤鹄 保教主任　李穗云 办公室主任　李湘云
2015			总务主任　李积筠 保教主任　李穗云 专职教研员　黄天骥 办公室主任　李湘云
2016			总务主任　李积筠 保教主任　李穗云 教学主任　黄天骥 办公室主任　李湘云
2017—2018 年上半年	杨炼红	刘红丽（副园长） 潘峻茹（副园长）	总务主任　李积筠 教学主任　黄天骥
2018 年 下半年	刘红丽	潘峻茹（副园长）	教研主任　蒋平 保教主任　张峰 办公室主任　李穗云
2019	刘红丽	潘峻茹（副园长）	1. 集团成员园 南头城幼儿园园长　赵锦霞 2. 幼儿园中层管理人员 总务主任　李积筠 保教主任　张峰 办公室主任　李穗云 教研主任　蒋平 教学主任　黄天骥

续表

幼儿园历年行政班子成员			
年份	书记、园长（主要负责人）	专职副书记、副园长	分园负责人、部门负责人
2019	刘红丽	潘峻茹（副园长）	3. 区学前教育第三学区 教研员　廖斯雅 4. 幼儿园责任区督学　陈晓
2020	刘红丽	潘峻茹（副园长） 王静（副园长）	1. 集团成员园 阳光粤海幼儿园园长　黄天骥 南头城幼儿园园长　赵锦霞 2. 幼儿园中层管理人员 总务主任　李积筠 工会主席　杨丽艳 保教主任　张峰 信息主任　廖斯雅 办公室主任　李穗云 教研主任　蒋平 3. 区学前教育第三学区 教研员　廖斯雅 4. 幼儿园责任区督学　陈晓
2021年上半年	刘红丽	潘峻茹（副园长） 王静（副园长）	1. 集团成员园 阳光粤海幼儿园园长　黄天骥 南头城幼儿园园长　赵锦霞 华侨城世界花园幼儿园园长　蒋平 2. 幼儿园中层管理人员 总务主任　李积筠 工会主席　杨丽艳 保教主任　张峰 信息主任　廖斯雅 办公室主任　李穗云 3. 幼儿园责任区督学　陈晓
2021年下半年	刘红丽	潘峻茹（副园长） 王静（副园长）	1. 集团成员园 阳光粤海幼儿园园长　王静 南头城幼儿园园长　赵锦霞 华侨城世界花园幼儿园园长　蒋平

幼儿园历年行政班子成员			
年份	书记、园长 （主要负责人）	专职副书记、 副园长	分园负责人、部门负责人
2021 年 下半年	刘红丽	潘峻茹（副园长） 王静（副园长）	2. 幼儿园中层管理人员 总务主任　李积筠 工会主席　杨丽艳 保教主任　张峰 信息主任　廖斯雅 办公室主任　李穗云 教学主任　金晶 教研主任　蒋平 后勤主任　何爱群 3. 区学前教育第三学区 教研员　廖斯雅 4. 幼儿园责任区督学　陈晓
2022 年 上半年	刘红丽	潘峻茹（副园长） 王静（副园长）	1. 集团成员园 招商领玺幼儿园园长　潘峻茹 阳光粤海幼儿园园长　王静 华侨城世界花园幼儿园园长　蒋平 招商领玺幼儿园副园长　廖斯雅 阳光粤海幼儿园副园长　金晶 2. 幼儿园中层管理人员 总务主任　李积筠 办公室主任　李穗云 党务行政部　谢妹 保育教育部　汤丽霞 教师发展部　刘晓颖 财务后勤部　侯为君 3. 第三学区专职督学　陈晓
2022 年 下半年	刘红丽	潘峻茹（副园长） 王静（副园长）	1. 集团成员园 红树湾幼儿园园长　刘红丽 招商领玺幼儿园园长　潘峻茹 阳光粤海幼儿园园长　王静 华侨城世界花园幼儿园园长　蒋平

续表

幼儿园历年行政班子成员			
年份	书记、园长 （主要负责人）	专职副书记、 副园长	分园负责人、部门负责人
2022年 下半年	刘红丽	潘峻茹（副园长） 王静（副园长）	招商领玺幼儿园副园长　廖斯雅 华侨城世界花园幼儿园副园长　何爱群 红树湾幼儿园副园长　金晶 2.幼儿园中层管理人员 总务主任　李积筠 办公室主任　李穗云 党务行政部部长　谢姝 保育教育部部长　汤丽霞 教师发展部部长　刘晓颖 财务后勤部部长　侯为君 3.第三学区专职督学　陈晓
2023年 上半年	刘红丽	潘峻茹（副园长） 王静（副园长）	1.集团成员园 红树湾幼儿园园长　刘红丽 招商领玺幼儿园园长　潘峻茹 阳光粤海幼儿园园长　王静 前海时代第二幼儿园园长　廖斯雅 华侨城世界花园幼儿园园长　蒋平 红树湾幼儿园副园长　金晶 华侨城世界花园副园长　何爱群 2.集团部门负责人 党务行政部部长　谢姝 保育教育部部长　汤丽霞 教师发展部部长　刘晓颖 财务后勤部部长　侯为君 3.幼儿园中层管理人员 办公室主任　李穗云 保教主任、工会主席　张峰 保健主任　孟亚红 安全主任　苏夏晓 4.第三学区专职督学　陈晓

续表

幼儿园历年行政班子成员			
年份	书记、园长（主要负责人）	专职副书记、副园长	分园负责人、部门负责人
2023年下半年	刘红丽	潘峻茹（副园长）王静（副园长）	1.集团成员园 （1）机关幼教集团 机关幼儿园栖湾里分园园长、招商领玺幼儿园园长　刘红丽 阳光粤海幼儿园园长、悦桂府幼儿园园长　王静 前海时代第二幼儿园园长　廖斯雅 （2）沙河幼教集团 红树湾幼儿园园长　潘峻茹 华侨城世界花园幼儿园园长　蒋平 2.集团部门负责人 党务行政部部长　谢姝 保育教育部部长　甄哲 教师发展部部长　刘晓颖 财务后勤部部长　侯为君 3.幼儿园中层管理人员 办公室主任　欧阳洋 保教主任、工会主席　张峰 保健主任　孟亚红 安全主任　苏夏晓 4.第三学区专职督学　陈晓
2024	刘红丽	潘峻茹（副园长）王静（副园长）	1.集团成员园 （1）机关幼教集团 阳光粤海幼儿园园长、悦桂府幼儿园园长　王静 华侨城世界花园幼儿园园长　蒋平 前海时代第二幼儿园园长　廖斯雅 招商领玺幼儿园园长　郑春丽 绿海名都幼儿园园长　金晶 悦桂府幼儿园副园长　何爱群 机关幼儿园前海天境分部副园长　刘佳锐 机关幼儿园栖湾里分园副园长　刘晓颖

续表

幼儿园历年行政班子成员			
年份	书记、园长（主要负责人）	专职副书记、副园长	分园负责人、部门负责人
2024	刘红丽	潘峻茹（副园长） 王静（副园长）	（2）沙河幼教集团 沙河幼教集团总园长、红树湾幼儿园园长　潘峻茹 华侨城世界花园幼儿园园长　蒋平 2.集团部门负责人 党务行政部部长　谢姝 保育教育部部长　甄哲 教师发展部部长　董文婷 财务后勤部部长　侯为君 3.幼儿园中层管理人员 办公室主任　欧阳洋 保健主任　孟亚红 安全主任　苏夏晓 教研员　黄倩 4.第二学区专职督学　陈晓

附录二

四十年大事记

序号	南山区机关幼儿园大事记（1985 年）
1	7 月 15 日，经区委、管理区研究，同意设立"深圳市南头区机关幼儿园"为股级事业单位，行政上由区妇女联合会领导，业务上由教育局管理。
2	9 月 20 日，深圳市政府征地批复，同意征用南头镇旧居民东侧兴建南头区机关幼儿园。
序号	南山区机关幼儿园大事记（1986 年）
1	7 月 28 日，机关幼儿园向南头区委组织部申请 26 名教职工编制。
序号	南山区机关幼儿园大事记（1987 年）
1	2 月 1 日，南头区妇女联合会聘请朱济云同志任南头区机关幼儿园副园长，任期 1 年。
序号	南山区机关幼儿园大事记（1988 年）
1	3 月 1 日，南头区妇女联合会聘请朱济云同志任南头区机关幼儿园副园长，任期 1 年。
序号	南山区机关幼儿园大事记（1989 年）
1	5 月，机关幼儿园获南山区"先进团组织"称号。
2	12 月，机关幼儿园获深圳市"先进工会集体"称号。

3	12月，机关幼儿园获深圳市"卫生保健优秀幼儿园"称号。
序号	南山区机关幼儿园大事记（1990年）
1	5月，机关幼儿园获南山区"区先进团组织"称号。
2	10月，深圳市教委到园检查课程设置情况。
3	12月，机关幼儿园接受市教委的财务工作大检查。
4	12月，机关幼儿园获"深圳市德育工作先进集体"称号。
5	12月，机关幼儿园获南山区"创建国家卫生城市先进单位"称号。
序号	南山区机关幼儿园大事记（1991年）
1	1月，机关幼儿园参加深圳市"品德教育观摩"现场会。
2	3月，机关幼儿园获南山区"三八红旗集体"称号。
3	5月，机关幼儿园获南山区"先进团支部"称号。
4	7月，机关幼儿园获深圳市"先进党支部"称号。
5	9月，机关幼儿园获南山区"先进学校"称号。
6	9月，机关幼儿园获深圳市"先进学校"称号。
7	12月，机关幼儿园获深圳市"卫生保健优秀幼儿园"称号。
序号	南山区机关幼儿园大事记（1992年）
1	1月，机关幼儿园荣获深圳市"创建国家卫生城市先进单位"称号。
2	6月，机关幼儿园参加深圳市级幼儿园评估工作。
3	8月22日，南山区妇女联合会同意机关幼儿园增加事业编制11人，为差额经费。
4	9月25日，南头机关幼儿园更名为南山区机关幼儿园。聘任朱济云同志为南山区机关幼儿园园长，杨炼红同志为南山区机关幼儿园园长助理，聘任时间为1年。
5	10月，机关幼儿园参加深圳市幼儿园评估定级工作。
6	12月，机关幼儿园获深圳市"卫生保健优秀幼儿园"称号。
7	12月，机关幼儿园获南山区"创建国家卫生城市先进单位"称号。
序号	南山区机关幼儿园大事记（1993年）
1	6月，机关幼儿园获深圳市"热爱儿童先进集体"称号。
2	9月10日，南山区妇女联合会聘任朱济云同志为南山区机关幼儿园园长，杨炼红同志为南山区机关幼儿园园长助理，聘任时间3年。
3	9月，机关幼儿园获南山区"教书育人先进单位"称号。
4	12月，机关幼儿园荣获深圳市"卫生保健优秀幼儿园"称号。

续表

序号	南山区机关幼儿园大事记（1994 年）
1	3 月 3 日，机关幼儿园获深圳市一级一类幼儿园授牌。
2	3 月，机关幼儿园接受深圳市教委评估复查。
3	4 月，机关幼儿园接受深圳市教委自主游戏检查。
4	5 月，机关幼儿园获南山区"先进团支部"称号。
5	9 月 14 日，经南山区机构编制委员会办公室批复，机关幼儿园增加事业编制 4 名，差额经费。
6	9 月，机关幼儿园获南山区"教书育人先进单位"称号。
7	11 月 9 日，李潇池、麻艳两位教师人事关系调入机关幼儿园。
8	12 月，机关幼儿园获深圳市"卫生保健优秀幼儿园"称号。
9	12 月，机关幼儿园获南山区"教书育人先进单位"称号。
序号	南山区机关幼儿园大事记（1995 年）
1	1 月 6 日，南山区妇女联合会发文聘任马晓梅同志为机关幼儿园园长助理，聘任期 1 年。
2	5 月，机关幼儿园迎接广东省幼儿园等级评估。
3	10 月 6 日，机关幼儿园获深圳市"文明单位"称号。
序号	南山区机关幼儿园大事记（1996 年）
1	1 月 15 日，机关幼儿园被评为广东省一级幼儿园。
2	1 月，机关幼儿园获深圳市"卫生保健优秀幼儿园"称号。
3	3 月，机关幼儿园获南山区"先进妇女组织"称号。
4	5 月，机关幼儿园获南山区"先进团支部"称号。
5	6 月，机关幼儿园获南山区"热爱幼儿先进单位"称号。
6	6 月，机关幼儿园获深圳市"热爱幼儿先进单位"称号。
7	6 月，机关幼儿园获南山区"先进党组织"称号。
8	6 月 24 日，南山区妇女联合会发文，续聘朱济云同志为机关幼儿园园长，任期从 1996 年 7 月 1 日至 1999 年 6 月 30 日。
9	8 月 6 日，机关幼儿园启动 10 周年园庆工作，申请活动经费。
10	9 月 1 日，南山区妇女联合会发文，聘任杨炼红同志、马晓梅同志为副园长，李积筠同志为园长助理。

续表

序号	南山区机关幼儿园大事记（1997 年）
1	1 月 7 日，机关幼儿园从南山区妇联直属事业单位调整为南山区教育局统一归口管理事业单位。
2	3 月，机关幼儿园获深圳市"三八红旗集体"称号。
3	4 月，机关幼儿园迎接广东省一级幼儿园评估复评。
4	5 月，机关幼儿园获南山区"先进团支部"称号。
5	6 月 19 日，机关幼儿园举办"迎'九七'盼回归，献给建园十周年——绽放微笑的朝阳"园庆活动。
6	6 月，机关幼儿园获深圳市"热爱幼儿先进集体"称号。
7	6 月，机关幼儿园获南山区"先进党组织"称号。
8	7 月 9 日，机关幼儿园聘任杨炼红同志、马晓梅同志为副园长，李积筠同志为园长助理。
9	10 月，机关幼儿园获深圳市教育系统"文明学校"称号。
10	12 月，机关幼儿园获南山区"卫生保健先进单位"称号。
序号	南山区机关幼儿园大事记（1998 年）
1	2 月，机关幼儿园获深圳市"卫生保健优秀幼儿园"称号。
2	5 月，机关幼儿园获南山区"先进团支部"称号。
3	6 月，机关幼儿园获深圳市"优秀幼儿园"称号。
4	11 月，南山区授予机关幼儿园为区级"先进青年文明号"称号。
5	12 月，机关幼儿园获深圳市"食品卫生先进单位"称号。
6	12 月，机关幼儿园获南山区工会"模范职工之家"称号。
序号	南山区机关幼儿园大事记（1999 年）
1	1 月，机关幼儿园被评为市"卫生保健优秀幼儿园"。
2	1 月 28 日，机关幼儿园全体教职工开展迎新春联欢会，并热烈迎接新上任副园长满晶。
3	3 月，机关幼儿园被评为南山区"计划生育先进单位"。
4	4 月，机关幼儿园被评为南山区"先进青年文明号"。
5	4 月，机关幼儿园被评为南山区"先进团支部"。
6	6 月 29 日，中日育儿研究会深圳南山分会、中国关心下一代工作委员会深圳南山专家委员会毛晓碚、贾非一行来机关幼儿园进行捐赠。
7	8 月 28 日，南山区教育局领导宣布任免通知：原机关幼儿园园长朱济云退休；其工作由原教育幼儿园园长李倩接任；原机关幼儿园副园长满晶调任教育幼儿园任园长。

续表

8	9月28日，机关幼儿园通过全体教职工讨论商定的民主管理方式，修订了《机关幼儿园奖惩细则》。
9	9月29日，南山区副区长毛晓碚、黄建友，教育局局长李忠俊，办事处、督办、城管、国土、公安等部门领导对幼儿园拟迁新址进行视察。
10	12月10日，机关幼儿园党支部换届改选产生新一届支部书记、支部委员，报教育局审批同意。选举结果：支部书记——马晓梅；组织委员——林丽璇；宣传委员——刘红丽。
序号	南山区机关幼儿园大事记（2000年）
1	4月3日，时任南山区委书记毛晓碚、副区长黄建友率国土、市政、教育等部门一行18人到园视察开现场会。
2	4月4日，南山区政协主席黄水桂、副主席沈庄到园慰问。
3	6月，机关幼儿园舞蹈《巧巧手》荣获深圳市南山区第六届少儿艺术花会暨第三届学校艺术节金奖。
4	6月8日，旅法画家王衍成先生莅临机关幼儿园指导幼儿油画创作。
5	6月16日，全区中小学幼儿园50多名美术教师在机关幼儿园召开全区美术教研现场会。
6	6月20日，机关幼儿园接待"旅港乡亲团"进行文艺表演。
7	6月29日，机关幼儿园马晓梅调任到教育幼儿园任党支部书记，原蓓蕾幼儿园长兼书记何继红到园任书记。
8	11月28日，南山区机构编制委员会增加机关幼儿园编制，批复56人。
序号	南山区机关幼儿园大事记（2001年）
1	9月，机关幼儿园被南山区人民政府评为"南山区教育先进单位"。
2	9月，杨炼红、黄育育、陈红、李积筠、廖斯雅、张瑞慈、范瑞妹、杨丽艳、秦晓菲、何利花、李碧琼等人被南山区人民政府评为"南山区先进教师"。
序号	南山区机关幼儿园大事记（2002年）
1	5月，机关幼儿园在纪念共青团建团80周年"简约杯往事如歌"青年歌唱比赛中荣获优秀组织奖。
2	6月28日，机关幼儿园被选为科技部重点课题"《中国青少年科学技术普及活动指导纲要》实施项目"之《幼儿学习资源的开发和利用》子课题组试点工作实验基地。
3	9月2日，机关幼儿园被评为2002年"教育强区先进单位"。
序号	南山区机关幼儿园大事记（2003年）
1	7、8月暑假期间，机关幼儿园在3楼平台搭建顶棚，准备创设幼儿科技长廊。

2	9月，机关幼儿园运用中国电信的 VPN 专线和华为公司的无偿技术支持，实现了视频"宝宝实时在线"，向家长实时直播孩子在园的活动情况，并通过网络可视电话，实现"面对面"的家园及时沟通。
3	10月，机关幼儿园科技教育特色凸现，被南山区教育局确定为"做中学"科学教育项目骨干实验基地。
4	11月，机关幼儿园教师杨丽梅主持南山区"深港幼儿英语沙龙"，林育儒等3名小朋友作为幼儿代表参与交流活动。
5	11月，机关幼儿园邀请《走出家教的误区》的作者程亚田为家长举办家教讲座，讲座同时向社区开放。
6	12月，机关幼儿园教师研发幼儿科技教育专题资源包，包含滑轮、声、光、电、磁、水、力、空气、颜色等资源内容，其中"滑轮"专题为全国首例。
序号	南山区机关幼儿园大事记（2004 年）
1	3月，机关幼儿园获《2001—2005 中国青少年科学技术普及活动指导纲要》课题示范园。
2	4月17—18日，机关幼儿园李倩、刘红丽、陈红、李穗云、王满珍老师参加了在盐田区举办的"海峡两岸幼儿教育学术研讨会师资培训"。
3	6月，机关幼儿园网站正式开通。
4	10月8日，机关幼儿园小班搬迁到前海三期早期教育基地。
5	10月13日，南山区教育局局长刘晓明、副局长张效民率教育局相关科室负责人到机关幼儿园三期早教基地视察并作现场指示。
6	11月15日，由深圳读书月组委会、南山区委宣传部、南山文体局主办，南山图书馆、南山区机关幼儿园承办的图书馆第五届家庭读书比赛活动，在机关幼儿园进行。
序号	南山区机关幼儿园大事记（2005 年）
1	1月8日，机关幼儿园早教基地首次面向社区开放 2004—2005 年度小班春季招生咨询。
2	1月11日，机关幼儿园近 600 名幼儿和 90 名教职工，举行捧出爱心向印度洋地震海啸灾区捐款的关爱行动。
3	4月30日，机关幼儿园获评"卫生信誉度 A 级"食堂，并在《深圳特区报》等媒体刊登公告。
4	5月10日，机关幼儿园"做中学"实验基地接待了来自小学及幼儿园实验基地的教育同行 60 余名，就"做中学"项目课题进行了研讨，教研中心禹明主任、吴慧鸣教研员及全国小学课标组专家张和平主任莅临指导。

续表

5	5月31日，机关幼儿园举行了"飞跃四季庆六一"暨大班毕业典礼活动，原南山区副区长、政协主席、南山老年大学校长黄水桂，原教育局党委书记赵祝武，原教育局局长时任深圳市教育督导专业委员会理事长李忠俊，南山区政府教育督导办主任、区教育局副局长贾非，区教科研中心主任、南山第二外国语学校校长禹明及一批名校长等出席此次活动。
6	10月27日，台湾婴幼儿教育发展协会教学组主任、中华少年科教机构执行长、台湾世一公司数学专职讲师林衡老师莅临机关幼儿园，分别组织中、大班幼儿数学操作活动，吸引了20多所幼儿园近百名教师前来参观学习。
7	南山区教育局下发文件，任命杨炼红为副园长、书记。
序号	南山区机关幼儿园大事记（2006 年）
1	5月30日，"六一"儿童节来临之际，南山区委书记叶民辉、区委常委刘凯章、教育局局长刘晓明、教育局党委副书记高琼等一行来到机关幼儿园进行慰问，并向小朋友们送上节日的问候。
2	6月18日、20日，机关幼儿园在区委礼堂举行了"唱响成长——机关幼儿园建园二十周年园庆专场演出"系列专场演出。
3	7月2日，机关幼儿园园庆节目《娃娃家》参加深圳市文化艺术周世界之窗演出，是全场唯一一个幼儿节目。
序号	南山区机关幼儿园大事记（2007 年）
1	4月2日，教育局副局长刘根平携香港屯门区校长会一行48人来机关幼儿园参观。
2	4月19日，光明日报社顾问、中国社会科学院研究生院特约教授、广东省人民政府教育咨询小组成员、广州英豪教育研究所所长陈忠联教授来机关幼儿园做"将成功传给下一代"家庭教育专题讲座。
3	5月，南山区教育局授予机关幼儿园"安全管理工作先进单位"称号。
4	6月，南山区教育局授予机关幼儿园2006年度"计划生育工作达标先进单位"称号。
5	8月初，"十一五"课题"幼儿科技教育研究会"组建深圳市幼儿科技教育核心研究单位。机关幼儿园成为该项目核心园。
6	11月15日，机关幼儿园接待幼儿科技教育深圳教研组进行研讨交流活动。
7	11月11日，机关幼儿园陈衹伊、朴橹航、戴德承3位小朋友代表南山区参加第八届"沙沙讲故事"之"我讲书中的故事"儿童故事大王总决赛，分别获得一、二、三等奖。
8	12月18日，全国"十一五"重点课题"科技教育研究"项目组专家，来机关幼儿园进行项目课例交流探讨活动。
序号	南山区机关幼儿园大事记（2008 年）
1	2月15日，南山区教育局局长曾令格、主任麦润清来机关幼儿园宣布李倩园长退休、杨炼红园长主持幼儿园工作。

续表

2	2 月 25 日，南山区卫生局、南山区教育局授予机关幼儿园 2007 年度"学校、托幼机构食品卫生管理先进单位"称号。
3	5 月 16 日，机关幼儿园隆重地举行"灾区的小朋友，我们牵挂你！"大型抗灾捐款仪式，机关幼儿园合计捐款数额为 61994.22 元。
4	6 月 5 日，机关幼儿园承担深圳科技教育课题组"送教到区"活动，接待来自区 22 所幼儿园 110 余名的幼教同行。
5	6 月，机关幼儿园荣获"绿色幼儿园"称号。
6	8 月 22 日，杨炼红园长正式被任命为机关幼儿园园长，并与教育局签订事业单位聘用合同。
序号	南山区机关幼儿园大事记（2009 年）
1	1 月，深圳市南山区教育局授予机关幼儿园"2008 年教育系统安全管理先进单位"称号。
2	3 月，深圳市南山区妇女联合会授予机关幼儿园南山区 2007–2008 年度"三八红旗集体"称号。
3	4 月 28 日，机关幼儿园开展省级园复评工作。
4	5 月 15 日，受教育局、教科研中心委托，机关幼儿园接待来自南山区各小学、幼儿园教师的观摩、交流。
5	10 月 18 日，南山区卫生局授予机关幼儿园 2008—2009 学年度深圳市"食品卫生等级 A 级单位"称号。
6	11 月 12 日，机关幼儿园接待了来自珠三角地区 220 余名园长、教师。由我园英语教师杨丽艳执教的英语活动，得到区、市英语教研员的高度评价。
序号	南山区机关幼儿园大事记（2010 年）
1	1 月 14 日，中央教科所教育改革实验区专家组成员前来机关幼儿园调研。
2	9 月，广东省教育厅遴选机关幼儿园为广东省首批幼儿园园长培训实践基地。
3	10 月 26 日，南山区体育局局长刘晓明、关工委常务副主任李忠俊、南头街道办公室主任黄和平及高尔夫教练员俱乐部主席盛利等，前来机关幼儿园为孩子们举行了高尔夫球授杆仪式，拉开了幼儿园高尔夫球运动的序幕。
4	11 月 28 日，机关幼儿园作为广东省教育学会学前教育专业委员会 2010 年年会幼儿音乐活动分会场，代表会上展示了汤鹄老师的音乐活动《停顿与继续》。
序号	南山区机关幼儿园大事记（2011 年）
1	3 月 1 日，机关幼儿园申报全国教育科学规划课题《科教环境中幼儿潜能开发的行动研究》。
2	4 月 27 日，深圳市科技教育课题组"课例研讨"交流活动在机关幼儿园进行。
3	11 月 9 日，杨炼红园长代表机关幼儿园当选区教育局出席南山区第六次党代会代表候选人预备人选。

4	12月2日，机关幼儿园杨炼红园长当选区教育局党代会代表。
5	12月5日，机关幼儿园申报中国教育学会学前教育专业委员会"十二五"规划课题《科教环境下幼儿探究性学习研究》。
6	12月5、6日，机关幼儿园作为"南山区幼儿园教师观摩交流活动"的分会场，对30余所片区园进行开放；同时，还接待了"全国科技教育研究协作组深港研讨会"的园长和专家，共70余所幼儿园250余名园长。
序号	南山区机关幼儿园大事记（2012 年）
1	3月13日，机关幼儿园召开前海片区园管理园牵头园园长碰头会。北大、阳光育才、俊峰丽舍、元凤艺术、城市印象5所牵头园园长和学前办张袅娜老师参会，会议主要讨论民办幼儿园法人年检有关事项。
2	3月20日，副区长曹赛先、教育局副局长陈登福及学前办主任詹佩雯来机关幼儿园进行调研。
3	4月25日，机关幼儿园作为2012年南山区幼儿园半日活动观摩研讨分会场，接待来自全区88所幼儿园300余名教师参观。
4	6月18—21日，广东省第七期幼儿园园长高研班学员和6名园长来机关幼儿园跟岗实践。
5	6月19—21日，机关幼儿园金晶、叶于诗携大班科技课例《纸的游戏》参加贵州省教育学会学前教育专业委员会"同课异构"教学活动。
6	7月1日，中央电视台《心理访谈》特约专家、上海交通大学客座教授黄志猛教授来机关幼儿园进行家长讲座。
7	8月27日，召开新学期全园教职工大会，学前办主任詹佩雯来机关幼儿园宣布刘红丽副园长任职文件。
8	11月4日，新疆喀什市教育局教研员及喀什市属园长、骨干教师一行15人来我园参观交流，并举行机关幼儿园—喀什市第一双语幼儿园拉手园签约仪式。
9	12月14日，机关幼儿园组织广东省教育科研"十二五"规划课题《科教环境下幼儿探究性学习研究》开题报告会。
序号	南山区机关幼儿园大事记（2013 年）
1	3月19日，广东省教育科研"十二五"规划课题"科教环境下幼儿探究性学习研究"实施方案首轮研讨会在机关幼儿园举行。
2	4月1日，继"科教环境下幼儿探究性学习研究"首轮研讨和网上平台的研讨后，课题实验园第二轮现场研讨在机关幼儿园会议室举行，进一步帮助课题实验园明确研究方向，厘清研究思路。
3	5月26日，深圳市学前教育宣传月启动仪式暨幼儿园教师汇报交流活动在市少年宫剧场举行，由机关幼儿园教师和小朋友代表南山区表演舞蹈《长大后我就成了你》。

续表

4	7月8日，机关幼儿园进行2013年南山区机关幼儿园保教主任推选，李穗云经教职工测评通过，当选为保教主任。
5	7月8日，机关幼儿园进行课题园授牌及颁发课题通知的仪式。
序号	南山区机关幼儿园大事记（2014年）
1	2月25日，市教育科学研究院学前教育教研员刘华、袁圆两位专家来机关幼儿园就《3—6岁儿童学习与发展指南》实验园一日活动拍摄任务作具体指导、要求。
2	3月7日，教育局实践办第六指导小组（汤茂盛、王祖圣、于洋），莅临机关幼儿园调研、指导，分别访谈党员、群众，对园长（党支部书记）、副园长的全面管理工作进行全方位的调查、了解。
3	5月，政府实施"清凉工程"，改善园所环境，为机关幼儿园班级安装空调。
4	11月6日，机关幼儿园代表南山区学前优质公办园迎来了深圳市学前教育发展行动计划，在教育督导室主任王水发的带领下，专家一行4人对机关幼儿园进行实地考察。
5	11月12日，机关幼儿园作为深圳市教育学会学前教育专业委员会11周年"幼儿科技教育"的特色展示园所，接待了来自各区姐妹园110余名同行的观摩交流。区教育学会学前教育专业委员会理事长满晶前往现场指导。
6	11月20日，深圳大学学前教育系主任熊贤君来机关幼儿园签订教师培训基地合同。
7	12月9日，机关幼儿园迎来了省市区级的食品药品监管局专家及各级教育系统一行11人，进行"省级餐饮示范单位"的现场检查。
序号	南山区机关幼儿园大事记（2015年）
1	1月9日，机关幼儿园完成深圳市《3—6岁儿童学习与发展指南》实验园一日活动拍摄任务。
2	1月27日，南山区副区长曹赛先来机关幼儿园调研。
3	1月28日，机关幼儿园全体教职工会议对第六届工会委员候选人进行推选，选举产生新一批委员：李穗云、李湘云、陈红、杨丽艳、张峰、高俊卿、蒋平。
4	3月13日，南山区政府组织人事、财政、教育、人资、卫计等14个部门参与《南山区学前教育三年行动计划》意见征集联席会，在机关幼儿园举行。
5	3月31日—4月2日，机关幼儿园承办了第三期"科学启智"暨"科教环境下幼儿探究性学习研究"园长、骨干教师高级培训班。来自全国各地的80余名园长、教师及机关幼儿园引领的省"十二五"规划课题实验园参加了此次培训活动。广东省教科院教研员李英、深圳市教科院教研员王秋颖、区教科研中心主任裴光勇出席活动。机关幼儿园作为承办主会场，展示成果，开放活动区域，汇报专题报告，开展教学及游戏指导活动。

6	5月，机关幼儿园在2014年全省征集评选"科学育儿"家庭教育优秀案例活动中被广东省教育研究院评为"优秀组织奖"。
7	6月，机关幼儿园被深圳市教育局评选为"深圳市首批优质特色示范幼儿园创建单位"。
8	6月，机关幼儿园获评深圳市电教馆颁发的第十四届青少年计算机表演赛优秀组织奖。
9	9月，机关幼儿园获评深圳市卫生和计划生育委员会、深圳市教育局颁发的"2012—2015年深圳卫生保健优秀幼儿园"。
10	11月，机关幼儿园被深圳市教育局授予家园共育公益项目指导站。
序号	南山区机关幼儿园大事记（2016年）
1	1月12日，机关幼儿园召开广东省"十二五"规划课题"科教环境下幼儿探究性学习研究"结题报告会。
2	6月，机关幼儿园荣获第二十五届中国儿童青少年计算机表演赛深圳决赛优秀组织奖。
3	6月，机关幼儿园获批深圳大学教育学院实习基地。
4	6月，机关幼儿园荣获2016年首届广东省全民健身操舞"金阳光奖""十大全民健身幼儿园"称号。
5	8月，任命潘峻茹为机关幼儿园副园长。
6	11月，机关幼儿园获评2015年度南山区人口计划生育综合治理先进单位。
7	12月，在深圳市教育局"家园共育公益指导项目"深圳市教育学会学前教育专业委员会"社区科学育儿指导活动"中，机关幼儿园荣获"先进单位"称号。
8	12月，机关幼儿园挂牌岭南师范学校教育实习基地。
序号	南山区机关幼儿园大事记（2017年）
1	1月11日，区总工会路玉萍主席、教育局局长刘根平一行前来机关幼儿园慰问教职工。
2	3月17日，香港九龙宣道会属校幼儿园幼教同行共82人来机关幼儿园参观交流。
3	3月，深圳市卫生和计划生育委员会授予机关幼儿园"2016年度深圳市伤害监测与干预先进单位"称号。
4	3月28日，北京师范大学教育学部学前教育研究所主任杜继纲、北京朝阳区教研员一行6人来机关幼儿园参观交流指导。
5	5月8日，机关幼儿园举行首届深圳市学前教育行业成果暨专题研讨会。
6	6月29日，机关幼儿园"走进幼儿为本的课程实践"教学现场观摩开放。

7	7月3日，机关幼儿园举行30周年园庆，南山区人大常委会党组副主任曾令格，副区长练聪，区政协副主席、教育局局长刘根平出席园庆典礼。
8	10月27日，美国塔夫茨大学文理学院、工程学院专家团队，文理研究生院院长Robert G. Cook、国际教育部院长Jhon F. Barker、国际事务部主任凯文帕克特、国际项目评估及协调员龚唯一一行到机关幼儿园了解科学教育在中国幼儿园的发展现状。
序号	南山区机关幼儿园大事记（2018年）
1	1月8日，浙江省特级教师、绍兴市功勋教师、绍兴市柯桥区中心幼儿园园长陈宴一行人来机关幼儿园研讨交流。
2	1月18日，德国教育部官员、福禄贝尔教育专家来机关幼儿园参观。
3	3月13日，机关幼儿园代表教育系统参加南山区第八届"春舞南山"展演，荣获冠军。
4	4月25日，机关幼儿园开展南山区幼儿园"户外一小时求质"第三场专题教研活动暨师训基地工作现场会。
5	6月8日，机关幼儿园第七届工会委员选举，7名候选人中选出5名工会委员。
6	6月8日，南山区教育局局长刘根平组织调研团队到机关幼儿园调研。
7	6月21日，荷兰著名布偶剧团来到机关幼儿园表演《小鼹鼠BIM》。
8	9月，深圳市教育局授予机关幼儿园深圳市"教育工作先进单位"称号。
9	10月24日，机关幼儿园承办了首场南山区幼儿园课程建设"课程专题教研暨师训工作现场会"。
10	11月，深圳市教育局授予机关幼儿园深圳市"卫生保健优秀幼儿园"称号。
11	12月13日下午，南山区教育局党工委书记马颖丽来园宣布杨炼红园长退休，及刘红丽主持机关幼儿园后续工作，全体教职工参加。
12	12月26日，南山区教育科学研究中心举办的南山区幼小双向衔接暨预防幼儿园"小学化"专题研讨会在机关幼儿园举行，19所小学的校长及幼儿园园长等100余人参加。
序号	南山区机关幼儿园大事记（2019年）
1	1月10日，机关幼儿园教师团队受邀参加南山区委区政府主办的"南山有嘉木"南山区第十三届青工文化节展演活动。
2	2月16日，召开学期初全体教职工大会，部署新学期工作；教育局副局长杨珺来园宣读刘红丽园长的任命文件，正式任命其为机关幼儿园园长一职。
3	2月19日，教育局正式发文，任命刘红丽同志为南山区机关幼儿园党支部书记，免去杨炼红同志机关幼儿园党支部书记职务。

4	3月12日，南山区第二十七期督学沙龙暨幼儿园责任区督学培训会议在园召开，区政府教育督导室主任洪其华、督导办主任王艾燕、幼儿园专职督学张纯珠等共80人参加会议。
5	4月16日，机关幼儿园举行南山区"百园扶百园"专项行动结对园签约仪式。
6	5月8日，机关幼儿园党支部换届选举，新的支部委员有：刘红丽、潘峻茹、王静、李穗云、李积筠。
7	5月30日，南山区委副书记、南山区人民政府区长曾湃，南山区政协副主席、教育局局长刘根平，南山区人民政府区长助理王虎荣，南山区教育局副局长陈登福、李启康、吴坚实，詹佩雯一行7人来园"六一"慰问。
8	6月13日，机关幼儿园师幼参加深圳市青少年电子信息智能创新大赛，23名幼儿分获一、二、三等奖，5名教师获优秀指导老师奖，1名教师获金牌指导老师奖；机关幼儿园获评2019年深圳市青少年电子信息智能创新大赛优秀组织奖。
9	7月9日，区教育局发文任命王静为机关幼儿园副园长。
10	7月25日，机关幼儿园《幼儿园科学探究活动课程——基于十九年的建构与实践》获2019年广东省基础教育教学成果一等奖。
11	8月15日，南山区人民政府发文批复设立深圳市南山区阳光粤海幼儿园，举办单位为南山区机关幼儿园。
12	8月，暑期改造工程中，结合幼儿绘制设计图，与建筑团队、驻园艺术家共同开展幼儿园南操场等场地设施、园所"灯光工程"等的环境全面升级改造。
13	9月22日，2019年"舞动南山"教育系统第二届健身操舞展演大赛，机关幼儿园荣获幼儿园组自选动作特等奖及最佳完成奖。
14	10月30日，对标对表整治食品安全问题专项行动——广东省整治食品安全问题联合行动工作组到园督导检查。广东省公安厅副厅长彭会带队广东省整治食品安全问题联合行动工作组莅临机关幼儿园。
15	11月4日，召开全园大会，组织教代会成员换届改选。
16	11月12日，深圳市第二十届读书月第二届名师论坛启动，机关幼儿园荣获"南山区阅读典范学校"称号。第二届深圳名师论坛组委会负责人、南山区教科院教师研训部部长银艳琳与刘红丽园长一同揭牌。
17	12月，聘任蒋平同志为南山区世界花园幼儿园法人园长，正式接管华侨城世界花园幼儿园。
序号	南山区机关幼儿园大事记（2020年）
1	1月17日，南山区教育局主办、南山区教科院承办的南山区"校长领导力"提升工程第二次全员培训会召开，刘红丽园长主持本次活动学前专场论坛。南山区教育局局长刘根平、副局长夏育华、特邀专家赵群筠莅临现场。

续表

2	2月24日，刘红丽园长在"南山名师天天在线"进行网络直播课《携时间赛跑 火神山医院》，公开课浏览量达3.2万。
3	5月24日起，机关幼儿园按上级主管部门指示作为全区4个监测点之一，启动检测任务，连续4天迎来81所幼儿园3000余名教职员工来园统一做核酸检测工作。区教育局副局长夏育华、学前科科长杜金龙莅临现场督察、指导。南头派出所所长黄飞前来巡查、支持。
4	5月28日，机关幼儿园原创实景童话剧亮相学习强国App，幼儿园教师以原创实景童话剧盼童归。
5	6月3日，南山区委书记王强，区副区长练聪，区政协副主席、区教育局局长刘根平一行莅临机关·阳光粤海幼儿园，视察复学和疫情防控情况。南山公安分局、区卫健局、区应急管理局、市场监督管理局南山监管局、区交警大队、粤海街道等多部门领导一同参加。
6	6月4日，《我们的"复学之路"云论坛：北京海淀—杭州滨江—深圳南山三地教育对话》，刘红丽园长代表南山区作题为《特殊的时光，不一样的陪伴》的报告。
7	6月12日，区委书记王强亲自批示南山信息工作动态：机关幼儿园"三全一网"严把安全返园复学关。机关幼儿园防疫工作精细化很有必要，可与兄弟园交流借鉴。
8	8月25—26日，区教育局暑期校园长学习会暨校长领导力提升工程第三期在机关幼儿园举行，刘红丽园长担任学前分论坛主持人，并作《超越PISA，再谈区域学前教育优质均衡发展》发言。
9	8月，暑期工程对班级教室进行装修调整，新增一个班级，全园班额增至23班。
10	9月25日，机关幼儿园《幼儿园科学探究活动课程——基于十九年的建构与实践探索》获深圳市教育科学规划2020年度推广应用课题。
11	10月31日，教育部基础教育课程教材专家工作委员会办公室副主任、研究员柳夕浪教授，北京教育学会秘书长时俊卿教授到园指导园本课程建设工作。同行的有南山区教科院课程与教学部部长龚振、深圳市教科院教研员郑兰、南头城小学校长周玉萍、赤湾小学副校长彭启波等。
12	11月10日，机关幼儿园承办深圳市南山区幼儿园园长研究能力培训分论坛活动。
13	12月19日，深圳市南山区教育精准帮扶总结大会暨跨区域教育联盟联席会议在广西百色市田阳区南山实验小学召开，刘红丽园长代表幼儿园在"三地"扶贫总结大会上获教育精准帮扶单位纪念牌。
14	11月30日，深圳市学前教育专委会17周年年会暨幼儿园课程论坛召开，机关幼儿园作为全国"十三五"课题结题汇报优秀课例单位作展示分享。

续表

序号	南山区机关幼儿园大事记（2021 年）
1	3 月 4 日，深圳市南山区专家入园诊断指导暨校长领导力提升工程现场研修活动南山区机关幼儿园专场胜利召开。教育部"国培计划"专家库专家、上海新纪元双语学校校长李海林，中国教育学会初中教育专业委员会副秘书长赵群筠，杭州市唯诗礼幼儿园园长李晓鹏出席本次专家诊断现场。
2	4 月 11 日，由杭州滨江区、深圳南山和重庆江北区发起面向全国教育改革的"未来教育之春"三地论坛成功召开。机关幼儿园作为深圳南山分会场，为论坛嘉宾提供了机关幼儿园教学现场与《聚焦探究对话未来——幼儿园探究性活动课程的实践样例》的主题报告。深圳市南山区委教育工委书记马颖丽，浙江师范大学杭州幼儿师范学院副院长李克建，重庆市江北区委教育工委副主任瞿灿萍，南山区学前教育科科长杜金龙，区教科院副院长银艳琳，重庆市江北区学前教育科科长肖静雪，及杭、深、渝三地学校、幼儿园管理干部等 100 余位教育同仁参与活动。
3	5 月，机关幼儿园获评广东省学前教育高质量发展试验区试点校（园），与前海小学结对共研"幼儿园与小学学科衔接"项目。
4	6 月 30 日，根据《关于成立机关幼儿园名师工作室（坊）的方案》，经全园竞聘与园务小组讨论通过人选，名师工作室：甄哲，班主任工作坊：刘媛、李思婷，聘期为 2 年。
5	7 月，机关幼儿园党支部荣获深圳市南山区委教育工委授予的"先进基层党组织"称号。
6	9 月 29 日，深圳市第十一届职工技术创新运动会暨 2021 年深圳技能大赛——幼儿园青年教师教学能力竞赛在南山区机关幼儿园顺利举行。此次技能大赛机幼会场的成功举办荣登央视视频 2021 年深圳技能大赛主题曲 MV。
7	9 月 30 日，深圳大学教务部副主任、深圳大学师范学院教务处处长陈晔为机关幼儿园"广东省教育厅示范性教师教育实践基地"揭牌。
8	10 月 9 日，召开第八届工会委员会换届选举全园大会暨第二届共青团换届选举团员大会。
9	10 月 25 日，机关幼儿园作为深圳市创建食品安全城市南山督导点，迎接国家市场监管总局审查中心张兰兰司长一行。《中国质量报》刊登并点名赞扬机关幼儿园食品安全工作。
10	10 月 29 日，由深圳市教育局主办、深圳市教育学会承办的"幼有善育"鹏城论坛系列活动第二期——"看见儿童"的空间与环境论坛在机关幼儿园成功举行。线上直播超 64 万人次观看学习。
11	11 月 18 日下午，区纪委常委郑长华、区教育局副局长陈登福一行到园巡查疫情防控情况。

续表

12	11月25日，深圳市南山区教育局举行幼教集团揭牌仪式，机幼幼教集团获正式授牌。机关幼儿园为总园，阳光粤海幼儿园、华侨城世界花园幼儿园、招商领玺幼儿园为集团成员园。
13	12月22日，机关幼儿园《幼儿园科学探究活动课程——基于十九年的建构与实践》获2021年广东省基础教育优秀成果推广应用项目立项。
14	12月24日，机关幼儿园获评深圳市教育局"家门口的优质幼儿园培育单位"称号。
序号	南山区机关幼儿园大事记（2022年）
1	4月15日，疫情延迟后春季开学，全园幼儿返园。
2	4月25日，深圳职业技术大学教育学院院长王汝志、学前教育专业主任龚佳佳来园开展"双师型实践基地"活动。
3	5月31日，南山区人大常委会党组副主任、区总工会主席路玉萍带队来园开展南山区学前教育工作专题调研。深圳市人大代表陈炳强、南山区人大代表冯梓洋、于丽凤，南山区教育局副局长刘霞、区9家幼教集团负责人出席本次调研。
4	6月20日，机关幼儿园和前海港湾小学进行前海时代第二幼儿园交接仪式。机关幼教集团总园长刘红丽，前海港湾小学校长蒋和勇，前海时代第二幼儿园原法人园长戴冰莹、新任法人园长廖斯雅出席本次交接仪式。
5	6月30日，中共深圳市南山区机关幼儿园支部委员会换届改选大会正式召开，经全体党员投票通过新一届党支部支委人选，支委人选为刘红丽、陈晓、谢姝。
6	7月15日，机关幼儿园邀请社区警务、社区工作站、物业管理、卫生监督等多部门联合召开了"百校焕新"工程项目恳谈会，正式启动"百校焕新"工程。
7	10月9日，南山区教育局发文任命机关幼儿园园长刘红丽兼任红树湾幼儿园法定代表人、园长，机关幼教集团成员园阳光粤海幼儿园副园长金晶调整为红树湾幼儿园任副园长。
8	10月23日，南山区委副书记、区长黄湘岳带队来园开展南山区"百校焕新"工作专题调研。南山区教育局、住建局、建筑工务署，及深圳市规自局南山局等相关单位负责人陪同调研。
9	10月27日，机关幼儿园与南山区第二外国语教育集团在红树湾幼儿园举行交接仪式。南山区教育局副局长刘霞，学前科科长曾少群，二外集团党委书记、海德学校校长韩晓宏，机关幼教集团总园长刘红丽，副园长潘俊茹、王静，红树湾幼儿园副园长金晶，机关幼教集团后勤安全部部长侯为君，教师发展部部长刘晓颖，党政行政部部长谢姝，原红树湾幼儿园法人园长韩进丽及红树湾幼儿园全体行政人员共19人出席本次仪式。
10	11月3日，由中国学前教育研究会学前儿童健康教育专业委员会主办的全国第十一届学前儿童健康教育学术年会顺利举办。会议中，刘红丽园长代表机关幼儿园受邀作题为《幼儿园视力保护与健康教育的实践探索》的大会发言。

续表

11	11月22日，机关幼儿园作为第三学区中心园组织"爱心城堡风雨同心"——第三学区防疫物资分发活动。
12	11月30日，机关幼教集团申请获批建园30年以来首批教师宿舍，11名教师成功入住。
13	12月16日，机关幼儿园获评第二批深圳市中小幼教师专业发展基地幼儿园。
14	12月20日，因新冠病毒疫情全园停课。
15	12月21日，机关幼儿园获2022年度深圳市第八届教育改革创新大奖"美育特色学校（园）"奖。
序号	南山区机关幼儿园大事记（2023年）
1	3月28日，南山区沙河幼教集团正式授牌，红树湾幼儿园为其中心园，华侨城世界花园从机关幼教集团划归沙河幼教集团。
2	4月13日，机关幼教集团首届集团厨艺大赛在机关幼儿园举行。
3	5月4日，机关幼儿园团支部完成新一届团支委换届选举，支委为周聪、张金燕、薛依晴、谭佳莉、陈惠玲。
4	5月15日，机关幼儿园《点亮好奇心：幼儿园探究性活动课程体系的建构与实践》荣获2022年国家基础教育教学成果奖二等奖。
5	7月6日，南山区教育局发文任命刘红丽同志兼任南山区栖湾里幼儿园、南山区招商领玺幼儿园园长，解聘其南山区红树湾幼儿园园长职务；王静同志兼任南山区悦桂府幼儿园园长；潘峻茹同志兼任南山区红树湾幼儿园、南山区沙河侨城豪苑幼儿园及南山区海滨红树西岸幼儿园园长，解聘其南山区招商领玺幼儿园园长职务。
6	7月6日，广东省教育研究院公示第四批广东省基础教育教研基地项目拟立项名单，机关幼儿园与南山区学前教育发展中心联合获评第四批广东省基础教育教研基地项目（全省学前唯一）。
7	7月28日，南山区政协副主席黄险峰带队来园开展"百校焕新"工作第二次专题协商活动。
8	8月15日，机关幼儿园获评深圳市第三批教育科研基地学校（全区学前唯一）。
9	8月17日，深圳第六届"以人民为中心——办好人民满意的教育：党建引领基层教育治理及党建创新精彩案例"评比中，机关幼儿园党建案例荣获"教育高质量发展优秀案例"。
10	8月24日，刘红丽园长通过正高级教师职称评审。
11	9月19日，儿童创新智慧教育共话活动大湾区学校领导力系列论坛第二场（幼儿园专场）在机关幼儿园成功举办。南京师范大学教育科学学院副教授张俊、北京师范大学实验幼儿园研究中心执行主任田瑞清、深圳市教育科学研究院学前研究员姜娟芳、南山区学前教育发展中心主任卜亚玮出席本次活动。

12	10月9日，机关幼儿园环境改造提升工作经验作为南山区"百校焕新"典型案例，登《中国教育报》头版。
13	11月15日，深圳市国家级学前教育教学成果经验展示交流活动在机关幼儿园成功举行。深圳市教育局学前处副处长王素娟、深圳市南山区教育局副局长黄升翼、广州大学教育学院学前教育改革与发展研究中心主任叶平枝、深圳市教科院学前教研员姜娟芳、深圳市南山区学前教育发展中心主任卜亚玮出席本次活动。
14	11月26日，机关幼儿园获评全国围棋特色幼儿园称号。中国围棋协会主席常昊莅临南山区教育局，为南山区获得"全国围棋特色学校"称号的中小学、幼儿园进行授牌。深圳市群众体育促进中心主任张文东，南山区委教育工委书记、区教育局党组书记、局长杨珺，南山区围棋协会会长方方参加本次授牌仪式。
15	11月30日，机关幼教集团获2023年度深圳市第九届教育改革创新大奖——优质基础教育集团年度奖。
16	12月23日，机关幼儿园"冬日趣跑南山行"首届迎新亲子燃情"小半马"在中山公园和南头古城开跑。
序号	南山区机关幼儿园大事记（2024年）
1	1月13日，长三角、珠三角学前教育联盟游戏与保教质量提升现场研讨会在园举办。中国学前教育研究会副理事长、华东师范大学教授华爱华莅临指导。
2	2月27日，南山区学前教育发展中心副主任陈思慧、科学保教部干事容铭坤宣布任命刘晓颖为机关幼儿园栖湾里分园副园长。
3	3月6日，粤港澳大湾区学校领导力系列活动中，南山区机关幼儿园与香港艾蒙特国际幼稚园签署结缔为姊妹园，林明祥校监、李乐妍校长、刘恩鹏经理一行于当天来园走访。
4	3月19日，"千人领跑计划"评估指南践行与质量提升专题培训在园举行。北京师范大学学前研究所教授冯晓霞、北京师范大学实验幼儿园总园长黄珊、北京师范大学学前教育培训中心主任徐兴芳、南山区学前教育发展中心主任卜亚玮、深圳市教育学会副会长满晶出席本次活动。
5	3月22日，深圳市残联来园开展2024年学前融合教育巡回支持服务项目启动仪式，进行交流活动，机关幼儿园小班年级4个班级参与此项目。
6	4月1日，《幼小劳动衔接"项目式学习（PBL）"实践研究》《以幼儿兴趣为基点生成项目课程实施路径的行动研究》《幼儿园绘本阅读活动中的师幼互动质量研究 – 基于CLASS课堂互动评估系统分析》被列为南山区教育科学规划课题2023年度一般非资助课题。
7	4月10日，南山区教育局发布《关于调整部分学区、幼教集团园所分布的通知》，机关幼儿园由第三学区中心园调整为第二学区中心园。

8	6月11日，深圳市南山区学前发展中心和机关幼儿园联合申报的"广东省第四批园本教研基地项目"在机关幼儿园揭牌，并开展项目实施方案论证活动。美国著名建构主义教育家德弗里斯博士 Shelly Counsell，美国学前教育硕士、瑞吉欧学校教师 Anne Lowry，香港艾蒙特国际学校及国际幼稚园创办人林明祥，广州大学教育学院学前与特殊教育研究中心主任叶平枝，广东省教育研究院基础教育研究室高级教师杨慧敏莅临活动。
9	6月14日，华东师范大学学前教育终身教授、中国教育学会常务理事朱家雄莅临机关幼儿园，开展专题培训。深圳市教育科学研究院学前教育教研员胡敏陪同来园。
10	6月21日，机关幼儿园数字教育创新案例《数字生态系统赋能幼儿科学探究活动》入选中国教育科学研究院数字教育研究所编著的《中国数字教育创新实践案例集（2023）》。
11	7月10日，南山区"两优一先"表彰大会上，机关幼儿园获评深圳市南山区先进基层党支部。
12	8月21日，机关幼儿园迎接牛津大学儿童发展与教育教授 Iram Sieaj（伊拉姆·西拉杰）一行来园就园所牛津 EPI 项目实践开展学术交流。
13	9月9日，在南山区庆祝第四十个教师节座谈会上，机关幼儿园刘红丽代表南山区幼教集团以《奋楫者先创新者强》为题作大会发言。
14	10月28日，中共深圳市南山区委教育工委下发《关于南山区质量管控党支部和四星级党支部评定结果的通知》，机关幼儿园获评2024年新评定四星党支部。
15	10月28日，机关幼儿园前海天境分部经历2月借址招商领玺幼儿园春季正式开园，9月迁址悦桂府幼儿园后，正式回迁前海天境园，举行回园首次升旗仪式。
16	10月30日，迎接全国学前教育普及普惠区创建工作中，机关幼儿园作为南山区迎评单位之一，迎接了教育部督导局副局长郭佳带队国家督导团一行莅临参观。
17	11月21日，香港耀中幼教学院与深圳大学教育学部教育研究院联合主办"深港幼教交流研讨会"，机关幼儿园刘红丽园长在会上作学术报告，迎接了牛津大学教授 Kathy Sylva、耀中耀华教育校监陈保琼博士、耀中幼教学院内地发展部主任时萍教授一行来园参访。
18	12月30日，机关幼儿园为带动园，联合12所幼儿园（红树湾幼儿园、教育幼儿园、招商领玺幼儿园、世纪村幼儿园、前海时代第二幼儿园、阳光粤海幼儿园、海滨红树西岸幼儿园、瑞河耶纳幼儿园、月亮湾山庄第一幼儿园、华侨城世界花园幼儿园、大冲都市花园幼儿园、龙瑞幼儿园）成功立项广东省首批高质量幼儿园共同体项目。

附录三

幼儿园主要荣誉

获奖时间	奖项名称	颁奖部门	级别
1989.6	深圳市幼儿舞蹈比赛一等奖	深圳市教育局	市级
1989.10	深圳市扮相比赛一等奖	深圳市教育局	市级
1989.12	深圳市先进工会集体	深圳市总工会	市级
1989.12	深圳市卫生保健优秀幼儿园	深圳市卫生健康委员会 深圳市教育局	市级
1989.5	南山区"六一"少儿文艺会演一等奖	南山区教育局	区级
1989.5	"南山区光荣啊，中国共青团"歌咏大赛一等奖	南山区教育局	区级
1989.5	南山区先进团组织	南山区教育局	区级
1989.12	南山区幼师"故事比赛"团体总分第一	南山区教育局	区级
1990.12	深圳市德育工作先进集体	深圳市教育局	市级
1990.12	南山区创建国家卫生城市先进单位	深圳市爱国卫生运动委员会办公室	区级

获奖时间	奖项名称	颁奖部门	级别
1991.12	深圳市卫生保健优秀幼儿园	深圳市卫生健康委员会 深圳市教育局	市级
1991.3	南山区"三八"红旗集体	南山区妇女联合会	区级
1991.5	南山区先进团支部	中共深圳市南山区委员会	区级
1991.7	南山区先进党支部	中共深圳市南山区委员会	区级
1991.9	南山区先进学校	南山区教育局	区级
1992.1	深圳市创建国家卫生城市先进单位	深圳市爱国卫生运动委员会办公室	市级
1992.12	深圳市卫生保健优秀幼儿园	深圳市卫生健康委员会 深圳市教育局	市级
1992.9	南山区幼儿环境创设优秀奖	南山区教育局	区级
1992.10	南山区欢乐运动会获得女子组总分第一名	南山区教育局	区级
1992.12	南山区"创建国家卫生城市"先进单位	深圳市爱国卫生运动委员会办公室	区级
1993.6	深圳市"六一"幼儿文艺汇演三等奖	深圳市教育局	市级
1993.12	深圳市"卫生保健"优秀幼儿园	深圳市卫生健康委员会 深圳市教育局	市级
1993.12	深圳市"幼苗颂太阳"纪念毛泽东诞辰一百周年诗歌朗诵比赛组织奖	深圳市教育局	市级
1993.6	南山区幼儿文艺汇演三等奖	南山区教育局	区级
1993.9	南山区"教书育人"先进单位	南山区教育局	区级
1994.1	深圳市一级一类幼儿园授牌	深圳市教育局	市级
1994.6	舞蹈《小小斗牛士》获深圳市少儿花会舞蹈表演二等奖、创编三等奖	深圳市教育局	市级
1994.12	深圳市卫生保健优秀幼儿园	深圳市卫生健康委员会 深圳市教育局	市级
1994.5	舞蹈《小小斗牛士》获南山区少儿花会舞蹈一等奖	南山区教育局	区级

获奖时间	奖项名称	颁奖部门	级别
1994.5	南山区先进团支部	中共深圳市南山区委员会	区级
1995.10	深圳市文明单位		市级
1996.1	广东省一级一类幼儿园授牌	广东省教育厅	省级
1996.1	深圳市卫生保健优秀幼儿园	深圳市卫生健康委员会 深圳市教育局	市级
1996.6	舞蹈《金苹果》获深圳市少儿花会舞蹈表演三等奖	深圳市教育局	市级
1996.3	南山区先进妇女组织	南山区妇女联合会	区级
1996.5	南山区先进团支部	中共深圳市南山区委员会	区级
1996.5	《金苹果》获南山区少儿花会舞蹈三等奖	南山区教育局	区级
1996.6	南山区"热爱幼儿"先进集体	南山区教育局	区级
1996.6	南山区先进党组织	中共深圳市南山区委员会	区级
1996.6	南山区"颂祖国，迎九七"文艺会演，舞蹈《我属于你中国》获二等奖	南山区教育局	区级
1997.10	深圳市教育系统文明学校	深圳市教育局	市级
1997.12	深圳市卫生保健优秀幼儿园	深圳市卫生健康委员会 深圳市教育局	市级
1997.6	南山区先进党组织	中共深圳市南山区委员会	区级
1998.5	深圳市优秀幼儿教育先进单位	深圳市教育局	市级
1998.6	深圳市优秀幼儿园	深圳市教育局	市级
1998.10	深圳市健美操比赛二等奖	深圳市教育局	市级
1998.11	深圳市第八套广播操比赛一等奖	深圳市教育局	市级
1998.12	深圳市"食品卫生"先进单位	南山区卫生局	市级
1998.3	南山区庆"三八"拔河比赛第四名	南山区教育局	区级
1998.4	舞蹈《花儿朵朵》获南山区少儿花会舞蹈三等奖	南山区教育局	区级

续表

获奖时间	奖项名称	颁奖部门	级别
1998.4	南山区广播操比赛第一名、组织奖	南山区教育局	区级
1998.5	南山区先进团支部	中共深圳市南山区委员会	区级
1998.10	南山区广播操比赛一等奖	深圳市教育局	区级
1998.11	区级青年文明号	中共深圳市南山区委员会	区级
1998.12	南山区工会模范职工之家	南山区总工会	区级
1999.1	深圳市卫生保健优秀幼儿园	深圳市卫生局 深圳市教育局	市级
1999.9	深圳市尊师重教先进单位	深圳市南山区人民政府	区级
2000.6	深圳市第六届少儿艺术花会暨第三届学校艺术节银奖	深圳市文化局 深圳市教育局 深圳市广播电影电视局 共青团深圳市委员会 深圳市妇女联合会	市级
2000.6	深圳市尊师重教先进单位	深圳市南山区人民政府	区级
2001.9	南山区教育先进单位	南山区人民政府	区级
2002.9	深圳市教育系统先进单位	深圳市人民政府	市级
2002.5	共青团建团八十周年"简约杯——往事如歌"青年歌唱比赛优秀组织奖	共青团深圳市南山区委员会	区级
2003.11	"全国科技教育课题研究实验基地示范园"的荣誉称号。		国家级
2003.9	《幼儿科学技术教育》2002—2003学年度优秀教育科研成果三等奖	南山区人民政府	区级
2005.12	幼儿园参加国家科技教育课题后续研究"幼儿科学与技术教育相结合的理论与实践研究",获得全国实验基地优秀成果奖		国家级
2006.7	深圳市食品卫生等级 A 级	深圳市卫生局	市级
2006.5	南山区计划生育工作达标先进单位	南山区教育局	区级

获奖时间	奖项名称	颁奖部门	级别
2006.11	第七届家庭读书竞赛组织奖	南山区图书馆	区级
2007.2	2007年度学校、托幼机构食品卫生管理先进单位	南山区卫生局	区级
2007.5	南山区安全管理工作先进单位	南山区教育局	区级
2007.6	2006年度计划生育工作达标先进单位	深圳市南山区教育局	区级
2007.11	第八届"沙沙讲故事"之"我讲书中的故事"儿童故事大王总决赛，获一、二、三等奖	南山区教育局	区级
2008.11	深圳市教育学会学前教育专业委员会第一届"优秀团体会员"	深圳市教育学会学前教育专业委员会	市级
2008.2	2007年度学校、托幼机构食品卫生管理先进单位	南山区卫生局　南山区教育局	区级
2009.8	2008—2009学年度深圳市食品等级A级单位	深圳市卫生局	市级
2009.5	在第十届深圳读书月"书香幼儿园"评选活动中荣获"深圳市书香幼儿园"称号	深圳读书月组委会办公室　深圳市教育学会学前教育专业委员会　深圳书城中心城实业有限公司	市级
2009.1	2008年南山区教育系统安全管理先进单位	深圳市南山区教育局	区级
2009.3	2007—2008年度南山区三八红旗集体	深圳市南山区妇女联合会	区级
2009.10	2008—2009学年度深圳市食品卫生等级A级单位	南山区卫生局	区级
2009.4	《会打喷嚏的帽子》在深圳市第十届读书月"沙沙讲故事"儿童组南山赛区获团体故事大王奖	南山区教育学会学前教育专业委员会　南山区教育局教育科研中心	区级
2010.1	在2009年度安全管理工作中，表现突出，成绩显著，被评为"南山区教育系统安全管理先进单位"	深圳市南山区教育局	区级

获奖时间	奖项名称	颁奖部门	级别
2011.10	广东省幼儿园园长培训实践基地	广东省教育厅	省级
2011.10	2010 年度教育系统人口和计划生育综合治理工作先进单位	深圳市南山区教育局	区级
2011.9	在深圳第 26 届世界大学生运动会服务工作中表现突出，被评为南山区教育系统大运工作先进集体	深圳市南山区教育局	区级
2011.5	在 2010 年度校园安全管理中，工作突出，成效显著，被评为"南山区教育系统安全管理先进单位"	深圳市南山区教育局	区级
2012.12	2012 年度深圳市卫生保健优秀幼儿园	深圳市卫生和人口计划生育委员会 深圳市教育局	市级
2012.3	"春舞南山"健身操比赛，获最佳魅力奖	南山区教育局	区级
2012	广东省教育科研"十二五"规划课题《科教环境下幼儿探究性学习研究》课题研究实验园	广东省教育科研"十二五"规划课题组	省级
2012.10	南山区教育系统教职工羽毛球赛中年女子双打第六名	南山区教育工会	区级
2013.1	在 2012 年度托幼机构卫生保健工作中成绩显著，被评为深圳市卫生保健优秀幼儿园	深圳市卫生和人口计划生育委员会	市级
2014.12	广东省餐饮示范单位	食品药品监管局	省级
2014.5	十一周年优秀特色展示活动奖	深圳市教育学会学前教育专业委员会	市级
2014.5	在"深圳市首届幼儿基本体操评比活动"中，《绳操》获一等奖，《软管操》获二等奖	深圳市教育学会学前教育专业委员会	市级
2014.11	深圳大学教育学院实习基地	深圳大学	市级
2014.4	南山区先进职工之家	深圳市南山区总工会	区级
2015.5	2014 年全省征集评选"科学育儿"家庭教育优秀案例活动中，被评选为优秀组织奖	广东省教育研究院	省级

续表

获奖时间	奖项名称	颁奖部门	级别
2015.6	深圳市首批优质特色示范幼儿园创建单位	深圳市教育局	市级
2015.9	2012—2015 年深圳卫生保健优秀幼儿园	深圳市卫生和计划生育委员会　深圳市教育局	市级
2015.11	在第十届"沙沙讲故事"儿童故事大王评选活动（亲子组）总决赛中荣获优秀组织奖	深圳市教育局　深圳读书月组委会办公室　深圳市教育学会学前教育专业委员会　深圳书城中心城实业有限公司	市级
2015.11	首批家园共育公益指导项目	深圳市教育局	市级
2015.11	在 2015 年南山区幼儿园优质环境创设评比活动中，获第三学区联盟一等奖	深圳市南山区教育局学前管理办公室	区级
2015.3	2013—2014 年度南山区三八红旗集体	南山区妇女联合会	区级
2016.6	2016 年首届广东省全民健身操舞"金阳光奖"十大全民健身幼儿园	广东省全民健身操舞"金阳光奖"评选组委会	省级
2016.12	在"深圳市教育局'家园共育公益指导项目'"——深圳市学前教育专业委员会"社区科学育儿指导活动"中，荣获"先进单位"称号	深圳市教育学会学前教育专业委员会	市级
2016.12	岭南师范学校教育实习基地	岭南师范学校	市级
2016.11	2015 年度南山区人口计划生育综合治理先进单位	深圳市南山区教育局	区级
2017.3	2016 年度深圳市伤害监测与干预先进单位	深圳市卫生和计划生育委员会	市级
2017.12	中国学前教育研究会"十三五"课题《区域游戏中幼儿学习品质的评价研究》第一阶段优秀课题	深圳市教育学会学前教育专业委员会	市级
2017.11	2016 年度南山区教育局人口计划生育综合治理先进单位	深圳市南山区教育局	区级
2017.11	在 2016 年度计划生育工作中，成绩显著，被评为先进单位	中共深圳市南山区委员会 深圳市南山区人民政府	区级

获奖时间	奖项名称	颁奖部门	级别
2018.9	深圳市教育工作先进单位	深圳市教育局	市级
2018.11	深圳市卫生保健优秀幼儿园	深圳市教育局	市级
2018.11	"远恒佳杯"首届深圳故事老师大赛中获得优秀组织奖	深圳市教育学会学前教育专业委员会 深圳教育报刊总社	市级
2018.3	第八届"春舞南山"展演冠军	深圳市南山区教育局	区级
2018.5	南山区第二届控烟宣传示范幼儿园评选活动中，获评控烟宣传示范幼儿园	深圳市南山区教育健康所	区级
2018.6	先进基层党组织	中共南山区委教育工作委员会	区级
2018	深圳市南山区教育精准帮扶纪念	深圳市南山区教育局	区级
2018.11	"南山区幼儿园户外活动视频大赛"第三学区联盟园特等奖	深圳市南山区教育科学研究中心	区级
2018.11	"南山区幼儿园户外体能活动设计与组织"比赛第三学区联盟园一等奖	深圳市南山区教育局	区级
2018.11	"南山区幼儿园户外体能活动设计与组织"比赛第三学区联盟园一等奖	南山区教育局	区级
2019.7	南山区2019年广东省教育教学成果奖《幼儿园科学探究活动课程——基于十九年的建构与实践》荣获一等奖	广东省教育厅	省级
2019.9	广东省幼儿园特色建构优秀方案一等奖	广东省教育研究院	省级
2019.3	幼儿园幼儿户外活动视频大赛中获得"幼儿自主游戏环境创设与使用"项目二等奖	深圳市南山区教育科学研究中心	区级
2019.3	幼儿园幼儿户外活动视频大赛中获得"幼儿园户外活动组织与实施"项目一等奖	深圳市南山区教育科学研究中心	区级
2019.9	"舞动南山"教职工第二届健身操舞展演大赛幼儿园自选动作特等奖、最佳完成奖	南山区总工会 南山区教育局	区级
2019.11	南山区阅读典范学校	南山区教育科学研究院	区级

续表

获奖时间	奖项名称	颁奖部门	级别
2019.12	南山教育系统党组织团体运动会团结合作奖	南山区教育局	区级
2020.4	广东省示范性教师教育实践基地	广东省教育厅	省级
2020.9	2019—2020 学度南山区教育先进单位	南山区教育局	区级
2020.10	《我看见了海》获观众人气奖	南山区建我绿色家园系列活动领导小组办公室	区级
2020.10	《爱思考和爱收纳的垃圾娃娃》获观众人气奖	南山区建我绿色家园系列活动领导小组办公室	区级
2020	2020 年首届深圳科普成果展示大赛一等奖	南山区垃圾分类科普体验馆	区级
2021.5	深圳市生活垃圾分类新风尚幼儿园	深圳市城市管理和综合执法局　深圳市教育局	市级
2021.10	深圳大学教育硕士研习基地	深圳大学	市级
2021.12	学前教育与儿童发展研究中心实验基地	佛山科学技术大学　学前教育与儿童发展研究中心	市级
2021.12	2021 年度家门口的优质幼儿园	深圳市教育局	市级
2021.1	2020 年度垃圾分类绿色学校	南山区推进生活垃圾分类工作指挥部办公室	区级
2021.4	广东省学前教育高质量发展实验区（第一批）试点校（园），二校结对共研"幼儿园与小学科学衔接"项目	深圳市南山区教育局	区级
2021.5	2020—2021 年度环保教育先进单位	深圳市南山区垃圾分类管理中心	区级
2021.5	南山区中小幼"喜迎建党 100 周年"艺术教育成果专场展演活动一等奖	深圳市南山区教育局学前教育科　深圳市南山区教育科学研究院	区级
2021.7	先进基层党组织	中共深圳市南山区委教育工作委员会	区级
2021.11	南山区教育系统第三届教职工健身操舞展演大赛幼儿园自选套路一等奖	南山区总工会　南山区教育局	区级

获奖时间	奖项名称	颁奖部门	级别
2021.11	南山区教育系统 2021 年"赓续百年初心，担当育人使命"微视频一等奖	深圳市南山区教育局	区级
2021.12	少年交通安全绘画比赛幼儿组优秀组织奖	南山区教育局 深圳市公安局交通警察支队南山大队	区级
2022.6	儿童友好学校	深圳市妇女儿童工作委员会 深圳市妇女联合会	市级
2022.6	学前教育与儿童发展研究中心实验基地	佛山科学技术学院 学前教育与儿童发展研究中心	市级
2022.12	2022 年深圳市第八届深圳教育改革创新大奖美育特色学校（园）	深圳市教育局 《南方都市报》	市级
2022.12	第二批深圳市中小幼教师专业发展基地学校（幼儿园）	深圳市教育科学研究院	市级
2022.8	"春舞南山"巾帼风采健身操最具魅力奖	南山区妇女联合会	区级
2022.11	《懂得让孩子更绽放》教育系统 2022 年"迎接党的二十大培根铸魂育新人"微视频一等奖	深圳市南山区教育局	区级
2024.12	国际文化榜样奖	联合国世界非物质文化遗产保护基金会	国际级
2024.6	中国数字教育优秀案例（入选《中国数字教育创新实践案例集》）	中国教育科学研究院	国家级
2024.1	深圳市健康促进幼儿园金奖	深圳市卫生健康委员会	市级
2024.11	深圳市第五届健康主题绘本剧大赛优秀奖	深圳市慢性病防治中心	市级
2024.12	深圳教育改革创新奖——教育高质量发展示范项目	南方都市报社 深圳市教育学会 深圳大学湾区教育研究院	市级
2024.7	南山区先进基层党组织	南山区教育工委	区级
2024.10	四星级党支部	南山区教育工委	区级

续表

获奖时间	奖项名称	颁奖部门	级别
2024.11	南山区儿童"爱护眼睛，防控近视"海报评选优秀奖	深圳市南山区妇幼保健院	区级
2024.11	南山区教育系统 2024 年"大力弘扬教育家精神，加快建设教育强国"微视频二等奖	深圳市南山区教育局	区级
2024.11	深圳市南山区首届健康主题绘本剧大赛二等奖	深圳市南山区慢性病防治院	区级

附录四

教师主要荣誉

日期	获奖人姓名	奖项名称	颁奖部门	级别
1995	李湘云	中日儿童美术书法摄影比赛		
1995	梁锐	中日儿童美术书法摄影比赛铜奖		
1995	梁文婷	中日儿童美术书法摄影比赛佳作奖		
1995	曾伟忠、马敏如、钟超全	中日儿童美术书法摄影比赛优秀奖		
1996.9	刘红丽	深圳市幼师技能大赛获普通话一等奖	深圳市教育局	市级
1996.12	李潇池	深圳市教玩具制作比赛一等奖	深圳市教育局	市级
1996.12	李潇池、麻艳	南山区教玩具制作比赛一等奖	南山区教育局	区级
1996.12	高俊卿	南山区教玩具制作比赛二等奖	南山区教育局	区级

续表

日期	获奖人姓名	奖项名称	颁奖部门	级别
1997.8	刘红丽	深圳市"反腐倡廉"演讲比赛三等奖		市级
1997.10	麻艳	南山区课例比赛二等奖	南山区教育局	区级
1998.10	汤鹄	南山区体育课比赛二等奖	南山区教育局	区级
1998	王亚平	幼儿教师论文评选二等奖		
1998	马晓梅、麻艳、刘红丽	幼儿教师论文评选三等奖		
1999.5	冯健里	广东省南粤优秀幼儿教师	广东省教育厅 广东省教育基金会 广东省高教厅（高校工委）	省级
1999.3	朱济云	南山区教育局跳绳比赛第一名	南山区教育局	区级
1999.3	马小梅	南山区教育局跳绳比赛第二名	南山区教育局	区级
1999.9	汤鹄	深圳市优秀教师	深圳市南山区人民政府	区级
2000.6	方建平	深圳市第六届少儿艺术花会暨第三届学校艺术节银奖	深圳市文化局 深圳市教育局 深圳市广播电影电视局共青团深圳市委员会深圳市妇女联合会	市级
2000.12	李潇池	深圳市少儿创意绘画制作现场比赛辅导一等奖	深圳市教育局艺术教育委员会	市级
2000.6	朱军、刘红丽	深圳市南山区第六届少儿艺术花会暨第三届学校艺术节金奖	中共深圳市南山区委宣传部（文体局） 深圳市南山区教育局 深圳市南山区团委 深圳市南山区妇女联合会	区级
2000.9	韦金妹、李国仙、曾丽桃、刘红丽、李穗云、林秋霞、麻艳、杨丽梅、林丽璇、唐俊芳	南山区先进教师	南山区人民政府	区级
2000.12	李潇池	南山区幼儿教师论文评选二等奖	南山区教育局	区级

日期	获奖人姓名	奖项名称	颁奖部门	级别
2000.12	王满珍	南山区幼儿教师论文评选三等奖	南山区教育局	区级
2000.12	李潇池	南山区少儿创意绘画制作现场比赛辅导特等奖	南山区教育局教研室	区级
2000.12	李潇池	南山区美术教研活动公开课好评	南山区教育局教研室	区级
2001.9	方建萍	优秀教师	深圳市人民政府	市级
2001.9	杨炼红、黄育育、陈红、李积筠、廖斯雅、张瑞慈、范瑞妹、杨丽艳、秦晓菲、何利花、李碧琼	南山区先进教师	深圳市南山区人民政府	区级
2002.5	杨丽艳	优秀教师	深圳市人民政府	市级
2002.9	郑春丽、沈玉环、林秋霞、何爱群、姜莎、王满珍、杜翰蓉、张旭辉、李国仙、陈琼娥、王亚萍	南山区优秀班主任	南山区人民政府	区级
2002.10	蒋平、黄娟、李家保	南头街道第二届社区科普文化节知识竞赛二等奖	南山区南头街道办事处	区级
2004	杨丽艳	英语教师基本功大赛一等奖		区级
2004.5	刘红丽	南山区课程改革积极分子	南山区教育局	区级
2004.11	黄天骥	南山区幼儿园教师教育教学技能比赛一等奖	南山区教育局	区级
2004.11	何爱群	南山区幼儿园教师教育教学技能比赛二等奖	南山区教育局	区级
2004.11	蒋平	南山区幼儿园教师教育教学技能比赛三等奖	南山区教育局	区级

续表

日期	获奖人姓名	奖项名称	颁奖部门	级别
2005.6	李潇池	第十届全国中小学生绘画、书法作品比赛纸类作品二等奖	教育部　艺术教育委员会	国家级
2005.6	罗素民	第十届全国中小学生绘画、书法作品比赛纸类作品二等奖	教育部　艺术教育委员会	国家级
2006.5	李潇池	南山区第二届课改学科挂牌教师	南山区教育局	区级
2006.9	罗素民、李潇池	第二届深圳南山国际儿童文化艺术周最佳指导奖	中共深圳市南山区委员会深圳市南山区人民政府	区级
2006.9	李倩、杨炼红、刘红丽、汤鹄、甄哲、姜莎、郑燕平、潜宝梅、秦晓菲、李湘云、滕建芳、侯为君、李穗云、赵东、蒋平	第二届深圳南山国际儿童文化艺术周最佳参与奖	中共深圳市南山区委员会深圳市南山区人民政府	区级
2007.11	刘红丽	深圳市教育学会学前教育专业委员会讲师团培训师	深圳市教育学会学前教育专业委员会	市级
2007.11	杨炼红、李倩	《幼儿科技教育资源开发的创新实践》荣获2007年论文评选二等奖	深圳市教育学会学前教育专业委员会	市级
2007.6	杨炼红	2006年度计划生育工作先进个人	深圳市南山区教育局	区级
2007.9	李湘云、黄育育、徐兰、滕建芳、严子燕、夏曼芝	南山区优秀教师	深圳市南山区教育局	区级
2007.9	杨炼红	南山区优秀园长	深圳市南山区教育局	区级
2007.6	杨炼红	2006年度计划生育工作先进个人	深圳市南山区教育局	区级

日期	获奖人姓名	奖项名称	颁奖部门	级别
2008.5	黄天骥	第十七届全国"六一"国际儿童节威盛中国芯计算机表演赛全国总决赛优秀辅导奖	信息产业部电子信息产品管理司 卫生部科技教育司 全国妇女联合会工作部 中国科协青少年科技中心 中国优生优育协会 中国关心下一代工作委员会办公室 中国残疾人联合会康复部 中国儿童少年基金会	国家级
2008.12	张峰	"万花筒探秘"资源包操作活动专家好评	中央教育科学研究所科学与技术教育研究中心	国家级
2008.10	刘红丽	广东省教育学会学前教育专业委员会首批讲师团培训师	广东省教育学会学前教育专业委员会	省级
2008.11	刘红丽	广东省讲师团培训师	广东省教育学会	省级
2008.12	杨炼红	"科教环境下幼儿探究性学习研究"课题被列为广东省教育学会学前教育专业委员会2008年度研究课题	广东省教育学会学前教育专业委员会	省级
2008.10	杨炼红	广东省一级幼儿园评估专家	广东省教育厅	省级
2008.11	杨炼红	深圳市教育学会学前教育专业委员会第一届理事	深圳市教育学会学前教育专业委员会	市级
2008.9	杨丽梅	深圳市教育系统优秀教师	深圳市教育局	市级
2008.3	刘红丽	十佳教育工作者	南山区教育局	区级
2008.7	赵东、黄天骥	优秀共产党员	南山区教育局	区级
2008.9	黄天骥、梁薇、林秋霞	优秀教师	南山区教育局	区级
2009.10	杨炼红	第一届广东省教育学会优秀幼儿园园长	广东省教育学会	省级

续表

日期	获奖人姓名	奖项名称	颁奖部门	级别
2009.10	刘红丽	《有效利用资源包激发幼儿科学教育探究性学习》获"2009广东省教育学会学前教育专业委员会年会论文"评比一等奖	广东省教育学会学前教育专业委员会	省级
2009.4	杨炼红	"深圳市健康素养监测工作"监测员	深圳市卫生局	市级
2009.1	杨炼红	南山区教育系统安全管理先进个人	南山区教育局	区级
2009.2	罗素民	南山区迎春教师绘画作品展	南山区教育科学研究中心	区级
2009.5	刘红丽	幼教学科带头人	南山区教育局	区级
2009.5	汤鹄	幼教学科中青年骨干教师	南山区教育局	区级
2009.7	汤鹄、陈红	优秀共产党员	南山区教育局	区级
2010.12	杨炼红	深圳市 2006—2010 年度优秀工会工作者	深圳市教科文卫体工会	市级
2010.1	杨炼红	南山区教育系统安全管理先进个人	南山区教育局	区级
2010.11	杨炼红	2009 年度教育系统人口和计划生育工作先进个人	深圳市南山区教育局	区级
2010.4	张峰	南山区幼儿教师教学活动大赛二等奖	南山区教育局	区级
2010.5	蒋平	南山区第二届优秀班主任	南山区教育局	区级
2010.12	杨炼红	中共前海社区综合委员会兼职委员	中共南头街道工作委员会	区级
2011.6	刘红丽	完成广东游戏指导师培训并通过相关考核，获得广东游戏指导师资格认证	广东省教育学会学前教育专业委员会	省级
2011.10	刘红丽、叶于诗	社会教学活动教案《安全逃生》荣获深圳市教育学会学前教育专业委员 2011 年"幼儿教师教学活动设计评比"一等奖	深圳市教育科学研究院深圳市教育学会学前教育专委会	市级

续表

日期	获奖人姓名	奖项名称	颁奖部门	级别
2011.7	刘红丽	2010—2011年度优秀党务工作者	南山区教育局	区级
2011.3	杨炼红	南山区社区教育先进个人	南山区委员会 南山区人民政府	区级
2011.10	杨炼红	2010年度教育系统人口和计划生育综合治理工作先进个人	深圳市南山区教育局	区级
2011.12	杨炼红	南山区法制宣传教育先进工作者	中共深圳市南山区委员会 深圳市南山区人民政府	区级
2012.11	李思婷	教师故事演讲二等奖	深圳市教育学会学前教育专业委员会	市级
2012.1	杨炼红、刘红丽	在南山区"学前教育论文征集与评选活动"中，论文《有效利用科学驾驭资源盒激发幼儿探究学习》获一等奖	深圳市南山区教育局	区级
2012.9	刘红丽	2011—2012学年度南山区先进教育工作者	南山区教育局	区级
2012.11	杨炼红	南山区教育系统2011年度人口和计划生育工作先进个人	南山区教育局	区级
2013.9	杨炼红	2012年度深圳市优秀兼职督学	深圳市人民政府教育督学市	市级
2013.11	杨炼红	论文《创设幼儿园特色科技教育环境的实践研究》获深圳市幼儿园教师优秀论文二等奖	深圳市教育科学研究院 深圳市教育学会学前教育专业委员会	市级
2013.11	杨炼红	深圳市首届"鹏城幼教蒲公英奖"十佳园长	深圳市教育发展基金会 深圳市教育学会 深圳市教育学会学前教育专业委员会 深圳市龙岗区爱爱教育中心	市级

日期	获奖人姓名	奖项名称	颁奖部门	级别
2013.11	赵锦霞、冯健里	深圳市首届"鹏城幼教蒲公英奖"十佳园长	深圳市教育发展基金会　深圳市教育学会　深圳市教育学会学前教育专业委员会　深圳市龙岗区爱爱教育中心	市级
2013.1	杨炼红	2012年度社区教育工作先进个人	南山区人民政府	区级
2013.3	杨炼红	南山区"三八"红旗手	南山区妇女联合会	区级
2014.9	李湘云	深圳市优秀教师	深圳市教育发展基金会	市级
2014.9	戴榆	幼儿园教师教育基本功比赛三等奖	深圳市教育局	市级
2015.11	刘红丽	《家园共育形成科教合力的实效性研究》在中国学前教育研究会2015年学术年会征文评比三等奖	中国学前教育研究会	国家级
2015.5	刘晓璇、张宇佳	广东省"科学育儿"家庭教育优秀案例	广东省教育研究院	省级
2015.3	杨炼红	深圳市三八红旗手	深圳市妇女联合会	市级
2015.11	冯健里	深圳市第二届"鹏城幼教蒲公英奖"十佳教师	深圳市教育发展基金会　深圳市教育学会　深圳市教育学会学前教育专业委员会	市级
2015.9	杨炼红	2014—2015学年度南山区优秀校长（园长）	深圳市南山区教育局	区级
2015.9	刘红丽	2014—2015学年度南山区优秀督学	深圳市南山区教育局	区级
2016.4	杨炼红	深圳市学前教育苗圃工程名园长	深圳市教育局	市级
2016.4	张峰	深圳市学前教育苗圃工程名教师	深圳市教育局	市级
2016.9	蒋平	南山区第二届"精英人才校园共享计划"精英教师	南山区教育局	市级

日期	获奖人姓名	奖项名称	颁奖部门	级别
2016.9	杨炼红	深圳市优秀督学	深圳市教育发展基金会	市级
2016.12	刘红丽	深圳市教育局"家园共育公益指导项目"先进个人	深圳市教育学会学前教育专业委员会	市级
2016.10	刘红丽	《科教环境下幼儿探究性学习研究》荣获南山区第三届教育改革创新奖一等奖	南山区教育局	区级
2016.6	黄天骥	"普惠园环境创设工作"优秀指导教师	南山区教育科学研究中心	区级
2017.1	甄哲	第三届"星星火炬"中国青少年艺术英才推选活动（广东赛区）优秀指导教师奖	第三届"星星火炬"中国青少年艺术英才推选活动广东组织委员会	国家级
2017.12	戴榆	深圳市第三届"鹏城幼教蒲公英奖"十佳教师	深圳市教育发展基金会 深圳市教育学会 深圳市教育学会学前教育专业委员会	市级
2017.12	蒋平	深圳市教育学会学前教育专业委员会讲师团优秀讲师	深圳市教育学会学前教育专业委员会	市级
2017.12	黄天骥	深圳市教育学会学前教育专业委员会讲师团优秀讲师	深圳市教育学会学前教育专业委员会	市级
2017.12	戴榆	深圳市第三届"鹏城幼教蒲公英奖"十佳教师	深圳市教育发展基金会 深圳市教育学会 深圳市教育学会学前教育专业委员会	市级
2017.12	蒋平	深圳市教育学会学前教育专业委员会讲师团优秀讲师	深圳市教育学会学前教育专业委员会	市级
2017.12	黄天骥	深圳市教育学会学前教育专业委员会讲师团优秀讲师	深圳市教育学会学前教育专业委员会	市级

续表

日期	获奖人姓名	奖项名称	颁奖部门	级别
2017.9	刘晓颖	南山区优秀教师	南山区教育局	区级
2018.6	蒋平	"十三五"滚动立项课题"户外自主游戏环境的创设与实施策略研究"	中国学前教育研究会	国家级
2018.9	甄哲	2018"童话节"中国青少年儿童艺术节优秀辅导教师	中国童话节组织委员会	国家级
2018.7	戴榆、吴颖申	广东省自制玩教具一等奖	广东省教育厅	省级
2018.7	甄哲	广东省"星星火炬"优秀指导教师	中国青少年艺术英才推选活动委员会	省级
2018.7	刘红丽	《阳刚男团，一抹绚丽的幼教之光》获广东省教育学会学前教育专业委员会《2018广东省学前教育宣传月"我是幼儿教师"微视频大赛》评比一等奖	广东省教育学会学前教育专业委员会	省级
2018.6	杨炼红	第十三届"沙沙讲故事"儿童故事大王评选活动优秀指导老师奖	深圳市教育局　深圳市教育学会　深圳读书月组委会办公室	市级
2018.3	赵锦霞	首批南山区幼儿园名园长工作室主持人	南山区教育局	区级
2018.4	刘晓颖	幼儿园教师教育基本功比赛二等奖	深圳市第九届职工技术创新运动会组织委员会	市级
2018.5	刘晓璇	第五届国际（深圳）童话节童"画"世界少儿书画大赛优秀辅导教师二等奖	深圳市教育局	市级
2018.10	刘晓颖	深圳市学前教育专业委员会讲师团讲师	深圳市教育学会学前教育专业委员会	市级
2018.11	刘晓颖	深圳市首届故事教师大赛金奖、最具表现力奖	深圳市教育学会学前教育专业委员会	市级
2018.3	刘红丽	首批南山区幼儿园教育科研专家工作室主持人	深圳市南山区教育局	区级

续表

日期	获奖人姓名	奖项名称	颁奖部门	级别
2018.7	刘红丽	南山区首批名师工作室主持人第一期课程建设专题培训《城堡幼儿园》课程优秀奖	南山区教育科学研究者中心	区级
2018.1	凌洁荣	《心有所属的孩子王》南山区教育系统2017年"立德树人，做好学生引路人"征文评选一等奖	南山区教育局	区级
2018.3	赵锦霞	首批南山区幼儿园名园长工作室主持人	南山区教育局	区级
2018.3	赵锦霞	南山区优秀园长、南山区优秀督学	南山区教育局	区级
2018.8	廖斯雅	南山区精英教师	南山区教育局	区级
2018.11	蔡春燕	"弘扬高尚师德，潜心立德树人"师德征文比赛一等奖	南山区教育局	区级
2018.11	汤海斌	"弘扬高尚师德，潜心立德树人"师德征文比赛二等奖	南山区教育局	区级
2019.6	陈璐莎、甄哲	第十四届"沙沙讲故事"儿童故事大王评选活动（儿童组）总决赛优秀指导老师	深圳市教育局 深圳市教育学会学前教育专业委员会 深圳读书月组委会办公室 深圳书城中心城实业有限公司	市级
2019.6	吴爽爽、吴燕婷、王丽婷、侯为君、王逸英	2019年深圳市青少年电子信息智能创新大赛优秀指导老师	深圳市教育科学发展促进会	市级
2019.9	刘晓颖	2019年深圳市中小学青年教师教学能力大赛（学前教育组）一等奖	深圳市教育局	市级
2019.9	刘红丽	2018—2019学年度南山区优秀园长	深圳市南山区教育局	区级
2019.9	王丽婷	南山区2019年度教育教学论文征文比赛二等奖	南山区教育科学研究院	区级

续表

日期	获奖人姓名	奖项名称	颁奖部门	级别
2019.9	汤丽霞	南山区 2019 年度教育教学论文征文比赛三等奖	南山区教育科学研究院	区级
2019.11	刘芳、汤丽霞、王丽婷	南山区教育系统 2019 年"自觉爱国守法，潜心教书育人"征文评选活动优秀奖	南山区教育局	区级
2019.11	黄洁	南山区教育系统 2019 年"自觉爱国守法，潜心教书育人"征文评选活动一等奖	南山区教育局	区级
2019.11	谢姝	南山区教育系统 2019 年"自觉爱国守法，潜心教书育人"征文评选活动三等奖	南山区教育局	区级
2020.3	刘红丽、潘峻茹、蒋平、黄天骥、张峰、廖斯雅	2019 年广东省教育教学成果奖（基础教育）一等奖	广东省教育厅	省级
2020.10	陈璐莎、张莹莹、李丽钒	"沙沙讲故事"优秀指导老师奖	深圳市教育局　深圳市教育学会学前教育专业委员会　深圳读书月组委会办公室　深圳书城中心城事业有限公司	市级
2020.11	王美云	第二届深圳故事老师大赛铜奖	深圳市教育局　深圳市教育学会学前教育专业委员会　深圳教育报刊总社　深圳新闻网	市级
2020.6	刘晓颖	南山区青工原创朗诵大赛铜奖	南山区文化广电旅游体育局	区级
2020.7	王美云	南山区 2020 年学前教育全员网络研修培训项目优秀学员	南山区教师发展中心	区级
2020.9	刘红丽	2019—2020 学年度南山区优秀督学	南山区教育局	区级

日期	获奖人姓名	奖项名称	颁奖部门	级别
2020.9	吴爽爽	2019—2020学年度南山区优秀班主任	南山区教育局	区级
2020.9	刘红丽	2019—2020学年度南山区优秀督学	南山区教育局	区级
2021.4	刘红丽	第二轮深圳市学前教育"苗圃工程"教科研专家	深圳市教育局	市级
2021.4	潘峻茹	第二轮深圳市学前教育"苗圃工程"骨干园长	深圳市教育局	市级
2021.4	蒋平	第二轮深圳市学前教育"苗圃工程"名教师	深圳市教育局	市级
2021.4	廖斯雅	第二轮深圳市学前教育"苗圃工程"教科研骨干	深圳市教育局	市级
2021.4	金晶、刘晓颖	第二轮深圳市学前教育"苗圃工程"教坛新秀	深圳市教育局	市级
2021.9	刘红丽	2021年深圳市先进教育工作者	深圳市教育局	市级
2021.12	张莹莹	2021年深圳市首届美育教师教学基本功比赛幼儿园组美术类二等奖	深圳市教育局	市级
2021.12	李思婷	南山区第四届"百花奖"课堂教学大赛学前学段学前教育学科特等奖	南山区教育科学研究院	区级
2021.5	王美云、甄哲	2021年南山区中小幼"喜迎建党100周年"艺术教育成果专场展演活动一等奖	南山区教育局学前教育科南山区教育科学研究院	区级
2021.6	唐千惠	"百年党史青年说"南山区第二届青年教师演讲大赛区级百强演讲教师	深圳市南山区教育局 南山区教育工会	区级
2021.7	张莹莹	南山区首届美育教师教学基本功比赛美术类一等奖	深圳市南山区教育局	区级
2021.7	甄哲	南山区首届美育教师教学基本功比赛音乐类三等奖	深圳市南山区教育局	区级

日期	获奖人姓名	奖项名称	颁奖部门	级别
2021.7	刘晓颖	南山区教师教育基本功比赛一等奖	南山区教育局学前教育科	区级
2021.8	张峰	南山区首届美育教师教学基本功比赛优秀指导教师	深圳市南山区教育局　南山区教育局学前教育科	区级
2021.10	刘晓颖	南山区庆祝建党 100 周年歌唱比赛歌唱新秀	南山区文化广电旅游体育局	区级
2021.11	曾丽樾	南山区教育系统 2021 年"赓续百年初心，担当育人使命"征文评选活动一等奖	深圳市南山区教育局	区级
2021.11	唐千惠	南山区教育系统 2021 年"赓续百年初心，担当育人使命"征文评选活动二等奖	深圳市南山区教育局	区级
2021.11	汪妍	南山区教育系统 2021 年"赓续百年初心，担当育人使命"征文评选活动三等奖	深圳市南山区教育局	区级
2021.12	杨柳	深圳市南山区 2021 年少儿交通安全绘画比赛活动评选幼儿组优秀辅导老师	深圳市南山区教育局　深圳市公安局交通警察支队南山大队	区级
2022.2	胡逸艺	深圳市 2022 年中小幼青年教师教学基本功比赛学前教育组二等奖	深圳市教育科学研究院	市级
2022.3	张莹莹	2021 年深圳市中小幼青年教师教学能力大赛（学前教育组）二等奖	深圳市教育局　深圳市总工会	市级
2022.3	李思婷	2021 年深圳市中小幼青年教师教学能力大赛（学前教育组）三等奖	深圳市教育局　深圳市总工会	市级
2022.4	刘红丽	教育科研专家工作室	深圳市教育局	市级
2022.6	杨柳	深圳市首届学前教育"故事老师"大赛二等奖	深圳市教育局	市级

日期	获奖人姓名	奖项名称	颁奖部门	级别
2022.7	刘晓颖	深圳市"幼有善育"鹏城论坛论文征集三等奖	深圳市教育学会	市级
2022.7	张莹莹	深圳市第十一届职工技术创新运动会暨2021年深圳市技能大赛——幼儿园青年教师教学能力技能竞赛三等奖	深圳市第十一届职工技术创新运动会暨2021年深圳市技能大赛组委会	市级
2022.8	刘晓颖	深圳市第16届来深青工文体节朗诵大赛三等奖	中共深圳市委宣传部	市级
2022.9	甄哲	2022年深圳市优秀班主任	深圳市教育局	市级
2022.1	刘红丽、刘晓颖、李潇池	南山区2021年"幼有善育"鹏城论坛论文评比活动一等奖	南山区教育局学前教育科	区级
2022.1	梁绮媚、覃小影	南山区2021年"幼有善育"鹏城论坛论文评比活动二等奖	南山区教育局学前教育科	区级
2022.4	刘晓颖	南山区信息技术应用能力提升工程2.0教育创新典型案例	南山区教育局	区级
2022.6	刘晓颖	南山区疫情防控教育工作者	南山区教育局学前教育科	区级
2022.7	吴爽爽	首届南山区学前教育班主任风采大赛特等奖	南山区总工会 南山区教育局	区级
2022.10	胡逸艺	南山区2022年幼儿园青年教师教学基本功比赛特等奖	南山区教育局	区级
2022.10	汪妍	南山区第三届青年教师演讲比赛二等奖	南山区教育局	区级
2023.7	刘红丽、汤丽霞、蒋平、曾丽樾、金晶、刘晓颖	2022年国家级教育教学成果奖（基础教育）二等奖	中华人民共和国教育部	国家级
2023.5	曾丽樾、周聪、谭剑	广东省首届幼儿园自主游戏优秀案例	广东省教育厅	省级

续表

日期	获奖人姓名	奖项名称	颁奖部门	级别
2023.5	谭佳莉、刘红丽、刘晓颖	广东省首届幼儿园幼小衔接优秀方案	广东省教育厅	省级
2023.12	刘晓颖、甄哲、陈戈	2023年广东省教育"双融双创"教师信息素养大赛提升活动融合创新应用教学案例（基础教育）项目，学前教育组二等奖	广东省教育厅	省级
2023.2	胡逸艺	2023年深圳市中小幼青年教师教学能力大赛学前教育组一等奖	深圳市教育局　深圳市总工会	市级
2023.9	刘红丽	2023年深圳市十佳校长	深圳市教育局	市级
2023.9	杨柳	2023年度"致敬·教育追梦人"深圳优秀教师评选活动最美教师	南方报业传媒集团深圳分社	市级
2023.11	刘晓颖、汪妍	"先行示范奋斗有我"第三届职工文化节·2023年深圳职工演讲大赛优秀奖	深圳市总工会	市级
2023.11	刘晓颖、甄哲、张俊仪、王逸英	2022年广东省中小学教师信息技术应用能力提升工程案例市级遴选优秀奖	深圳市教育科学研究院	市级
2023.11	胡逸艺	深圳市2022年中小幼青年教师教学基本功比赛学前教育组二等奖	深圳市教育科学研究院	市级
2023.2	刘红丽	刘红丽劳模和工匠人才创新工作室	中国教育工会深圳市南山区委员会	区级
2023.2	甄哲、刘晓颖、刘晓璇、王逸英	2022年度南山区家庭教育分级课程征集评选活动，视频课程二等奖	南山区教育局	区级
2023.5	刘红丽、贺旭雅、汤丽霞、甄哲、刘晓颖、谢妹	南山区第六届教育改革创新奖特等奖	南山区教育局	区级
2023.7	谭佳莉	南山区第二届学前教育班主任风采大赛一等奖	南山区教育局	区级

日期	获奖人姓名	奖项名称	颁奖部门	级别
2023.8	陈戈	"锚定教育高质量青春向党建新功"——南山区第四届青年教师演讲大赛二等奖	中国共产党深圳市南山区委教育工作委员会 中国教育工会深圳市南山区委员会	区级
2023.9	刘红丽	第二批南山区学前教育名园长工作室主持人	南山区教育局	区级
2023.9	刘晓颖	南山区学前教育"名师工程"名教师	南山区教育局	区级
2023.9	张峰	南山区学前教育"名师工程"名教师	南山区教育局	区级
2023.9	刘晓璇	南山区学前教育"名师工程"骨干教师	南山区教育局	区级
2023.9	唐千惠、张俊仪	南山区学前教育"名师工程"教坛新秀	南山区教育局	区级
2023.9	谢姝	2022—2023学年度南山区先进教育工作者	南山区教育局	区级
2023.9	詹琪悦、梁绮媚、张金燕、陈璐莎、陈戈	2022—2023学年度南山区优秀教师	南山区教育局	区级
2023.9	於珍妮	2022—2023学年度南山区优秀班主任	南山区教育局	区级
2023.9	张金燕、李文莹	2023年"舞动南山"南山区教育系统第四届教职工健身操舞展演大赛优秀教练员	南山区教育局	区级
2023.11	甄哲、汪妍、陈戈	南山区2023年洗手健康情景剧大赛总决赛最佳组织奖	南山区疾病预防控制中心 南山区学前教育发展中心	区级
2024.1	刘红丽	深圳市新一轮教育科研专家工作室2023年度考核优秀	深圳市教育科学研究院	市级
2024.6	王丽婷、薛依晴、徐仕蒙	深圳市幼儿园优秀自制玩教具评选活动二等奖	深圳市教育局	市级

续表

日期	获奖人姓名	奖项名称	颁奖部门	级别
2024.6	刘红丽、谢姝、董文婷	深圳市融合教育案例征集二等奖	深圳市教育局	市级
2024.9	郑高璇	第四届深圳职工文化节2024年深圳职工演讲大赛优秀奖	深圳市总工会	市级
2024.12	谭佳莉	深圳市学前教育教师技能竞赛2024年幼儿园教师基本功大赛二等奖	深圳市教育局	市级
2024.4	谢姝	南山区食育健康教育讲课比赛二等奖	南山区教科院	区级
2024.4	王丽婷、薛依晴、徐仕蒙	2024年深圳市幼儿园自制优秀玩教具评选活动一等奖	南山区学前教育第三学区	区级
2024.4	张金燕、李思婷、刘思梦	2024年深圳市幼儿园自制优秀玩教具评选活动一等奖	南山区学前教育第三学区	区级
2024.4	刘晓璇、詹琪悦、陈梅林	2024年深圳市幼儿园自制优秀玩教具评选活动二等奖	南山区学前教育第三学区	区级
2024.6	汪妍	南山区第五届青年教师演讲大赛二等奖	南山区教育局	区级
2024.7	谭佳莉	南山区第三届学前教育教师技能竞赛2024年幼儿园教师基本功大赛一等奖	南山区教育局	区级
2024.7	王丽婷	南山区第三届学前教育教师技能竞赛2024年幼儿园教师基本功大赛二等奖	南山区教育局	区级
2024.11	刘晓颖	2024年"大力弘扬教育家精神，加快建设教育强国"微视频二等奖	深圳市南山区教育局	区级
2024.11	梁凤韵、佘晓婷	幼儿园课程资源库二期建设案例整理活动优秀奖	南山区学前发展中心	区级

后　记

　　四十载春华秋实，南山区机关幼儿园这部园史不仅是一部公办幼儿园的成长档案，更是一部镌刻时代印记的教育史诗。作为南山区学前教育改革的先行者，机关幼儿园的历程承载着四代教育者的智慧结晶，映射着改革开放以来中国学前教育的深刻变革。从蹒跚学步到昂首阔步，我们用笔墨勾勒出园所文化的基因图谱，以历史透镜折射教育公平的实践轨迹，让这段鲜活记忆成为启迪未来的教育镜鉴。

　　值此付梓之际，万千思绪涌上心头。扎根南山沃土四十春秋，我们深知：得益于南山区委、区政府的远见卓识与鼎力支持，这片教育热土方能孕育出守护童真的精神家园；承蒙南山区教育局的悉心引领与政策护航，园所发展始终与区域学前教育质量提升同频共振。特别感念三任园长朱济云、李倩、杨炼红，她们以教育家情怀深耕幼教沃土，为园史注入温润而坚韧的精神底色。我也特别感谢曾经和现在奋斗在机关幼儿园的所有教职工，你们以爱为经纬、以匠心为针脚，在四十年光阴中编织出守护童真的温暖摇篮，让每寸时光都闪耀着教育者的赤诚微光。

　　本书的诞生凝聚着跨界智慧的光芒，文学名家高维生先生以诗性笔触雕琢文字，深圳大学教育学部高淳海老师以学术视野建构史观，深圳市南山区原教科中心主任禹明以专业精神全程护航。每一段考证、每一帧影像，都见证着教育共同体的深情托举。

　　站在四十年的历史节点，我们听见时光深处传来的回声——那是1985年开园第一声晨钟的清越，是千名幼儿银铃般的笑语，是教师深夜伏案的灯火微明。而今，这些记忆已化作奔腾的珠江潮水，既沉淀着来时路的厚重，更激荡着向未来的豪情。机关幼儿园将以归零心态再出发，在"幼有善育"的新征程中续写华章，让教育的薪火永远照亮童心世界。

刘红丽

2025 年 5 月